Calvados

ECON Gourmet Bibliothek

Karl Rudolf

Calvados

ETB
ECON Taschenbuch Verlag

Bildnachweis:
Sopexa (Förderungsgemeinschaft für französische
Landwirtschaftserzeugnisse), Düsseldorf, (6);
Claudia Korenke, Public Relations GmbH, Frankfurt a.M., (2);
Johannes Sussbauer, Realisation: Ludwig Kaiser, München.

Der Verlag dankt der Firma Aloís Dallmayr, München, für
die freundliche Mithilfe bei der Realisierung des Bildteils.

CIP-Titelaufnahme der Deutschen Bibliothek

Rudolf, Karl:
Calvados / Karl Rudolf. – Orig.-Ausg. –
Düsseldorf: ECON Taschenbuch Verl., 1989
(ETB; 24011: ECON Gourmet Bibliothek)
ISBN 3-612-24011-0
NE: GT

Originalausgabe
© ECON Taschenbuch Verlag GmbH, Düsseldorf
April 1989
Umschlaggestaltung: Ludwig Kaiser
Titelfoto: Johannes Sussbauer; Realisation: Ludwig Kaiser
Rückseitenfoto: Axel Ruske
Lektorat/Konzeption: Dr. Peter Lempert
Die Ratschläge in diesem Buch sind von Autor und Verlag
sorgfältig erwogen und geprüft, dennoch kann eine Garantie
nicht übernommen werden. Eine Haftung des Autors bzw. des
Verlags und seiner Beauftragten für Personen-, Sach- und
Vermögensschäden ist ausgeschlossen.
Satz: Dörlemann-Satz, Lemförde
Druck und Bindearbeiten: Ebner Ulm
Printed in Germany
ISBN 3-612-24011-0

Inhalt

Reifung und Vermählung –
ein Brand wird zu Calvados 61

Die Standardqualitäten:
Drei Äpfel sind ein Anfang 70

Das milde Feuer der Reife:
»Vieux«, »V.S.O.P.«, »Hors d'Age« & Co. 77

Hans-Peter Wodarz

über

Calvados

*Ä*pfel sind wirklich etwas Feines. Und es gibt eine Vielzahl von Verwendungsmöglichkeiten dieser Köstlich-
keit – nicht nur in der Küche. Nicht alle Äpfel freilich sind
etwas für Genießer. Fast kann man die Regel aufstellen,
daß Äpfel desto besser schmecken, je unansehnlicher sie
sind – und umgekehrt. Ich engagiere mich aus vollem
Herzen im Rahmen der europäischen Köchevereinigung
»Euro-Tocques« für die Verbesserung des Angebots an erst-
klassigen Naturprodukten. Mir und meinen Kollegen unter
den Spitzenköchen schmecken der bunte, knackige Melro-
se, die mürbe und zartfleischige Yvette, der unauffällige, vor
Aroma berstende Berlepsch, neben all den herrlichen Feld-
Wald-und-Wiesen-Äpfeln am besten.

Da nur der gesunde Apfel sich zur Lagerung eignet, kam
aus der Not die Tugend: der flüssige Apfel, der Apfelsaft.
Apfelsaft fängt schnell an zu gären, also entstand der Apfelwein, der als Ebbelwoi im Hessischen und als Cidre/Cider
in den Gebieten der Normannen bekannt ist. Sie sind herrliche Getränke gegen den Durst an warmen Frühlingstagen.

Die Steigerung des Cidre erfährt, wer diesen unkompli-
zierten Stoff in die Brennblase gibt. Das macht man in der

ganzen Normandie, aber nur in einem kleinen Teil davon wird ein guter, manchmal großer Schnaps daraus: Im Pays d'Auge wird der beste Calvados gebrannt. Er war ursprünglich eine derbe und bäuerliche Angelegenheit, so recht zu der einfachen Küstenlandschaft passend. Aber unter den Normannen gab es schon immer kreative und schlitzohrige Genießer. Sie ließen sich einen genialen Trick einfallen, um ihren Calvados möglichst oft, bei jedem Essen, versonnenfröhlich schlürfen zu dürfen: das »trou normand«, das normannische Loch.

Den Deutschen fiel nur ein so wenig anregendes Wort wie der »Verdauungsschnaps« ein – mir gefällt die normannische Formulierung des gesundheitlichen Vorwandes für den guten Schluck besser. Im Norden Frankreichs aß man schon immer gern große und schwere Menus. Dabei braucht man Pausen, und um die angemessen zu würdigen, führt man das Calva-Gläschen zum Munde. Theoretisch bleibt das »trou normand« in der Einzahl – praktisch führt es zu einem ausgewachsenen Zechgelage.

Der Calvados ist, wenn er von kompetenten Leuten gebrannt wurde, in seiner Jugend ein betörend nach frischen Äpfeln duftender, aber feuriger Schnaps. Mir schmeckt er so am besten, aber viele meiner Freunde und Gäste in der »Ente vom Lehel« ziehen die alten Jahrgänge vor. Der alte Calvados, in Eichenfässern gereift, erwirbt eine fast cognacartige Farbe und Weichheit. Er steht in seiner feinen Fruchtigkeit den Weinbränden nicht nach und läßt sein Apfelaroma freigiebig »aus dem Glas springen«. Noch im Alter ist er ein kecker Bursche. Kein Zweifel, daß eine der witzigsten Werbekampagnen der vergangenen Jahre recht hatte, weil sie zu ihm paßte: Calvados ist etwas Feines.

Vom guten Geist der wilden Äpfel

Calvados sei ein Apfelschnaps, heißt es. Ist dann Cognac ein Traubenschnaps? Nein, werden die Cognac-Kenner jetzt sagen. Zu Recht, denn der wird aus Wein gebrannt. Und Calvados wird aus Apfelwein destilliert, aus dem Stoff, den die Engländer Cider, die Hessen Äppelwoi und die Schwaben Most nennen. Die Franzosen sagen Cidre. Mit den Äpfeln, aus denen Cidre gewonnen wird, beginnt auch die Geschichte des Calvados.

Enttäuschung für die alten Römer

Die Römer, die wir jetzt die »alten« nennen, waren nicht nur Eroberer. Weintrinker in vielen Ländern danken es ihnen heute noch, daß sie Reben pflanzten, wo immer Klima und Boden das zuließen. Einige der Legionäre, die 58 v. Chr. Gallien besetzten, waren daher wahrscheinlich sehr enttäuscht: An der Küste im Norden des Landes gab es keine Möglichkeiten, Trauben zu kultivieren. Die Hoffnungen, sich mit einem guten Schluck Wein über den widrigen Status einer Besatzungsmacht hinwegtrösten zu können,

wurden begraben. Statt dessen fanden die Römer Apfelbäume vor, Legionen wilder Apfelbäume.

Es ist nicht überliefert, daß Roms Heerscharen die häßli-
chen und sauren Äpfel zu Trinkbarem verfeinert hätten.
Wahrscheinlich ließen sie, im Gegensatz zu Eva, die Frucht
am Baum und orderten statt dessen bei Kameraden in
südlichen gallischen Provinzen den gewohnten Wein.

Dafür wußten die Einheimischen schon sehr früh, daß
auch unansehnliche Äpfel ihre guten Seiten haben. Wann
sie zum ersten Mal einen Brei daraus machten, diesen
auspreßten und den Saft zu einem erfrischenden, aber
berauschenden Getränk vergären ließen, verliert sich im
Dunkel der Geschichte. Seit dem 5. Jahrhundert n.Chr.
gewann der Apfelwein jedenfalls eine ständig wachsende
Zahl von Freunden, er wurde damals »Sicera« genannt.

Karl dem Großen allerdings muß dieser Trank wohl
sauer aufgestoßen sein. Der Kaiser, in Frankreich Charle-
magne genannt, erweiterte die Grenzen des Fränkischen
Reiches zum bedeutendsten Großreich des abendländi-
schen Mittelalters. Daß ihm dabei das Gespür für scheinba-
re Nebensächlichkeiten nicht abhanden kam, zeigt ein Blick
in seine Gesetzessammlung »De Villis«. Darin weist er u.a.
seine Haushofmeister an, sich um die Kultivierung der
verwahrlosten Apfelbäume zu kümmern. Das sollte positi-
ve Folgen haben.

Mit den gepflegten Äpfeln wurde auch der daraus gewonnene Apfelwein besser. Er wurde so gut, daß sich
selbst ein Gelehrter näher damit befaßte. Der erste urkund-
liche Nachweis über die Hersteller des »Sidre«, so die da-
malige Schreibweise, stammt aus dem 12. Jahrhundert.
Damals schrieb Julien Le Paulmier, Ordinarius an der Me-

dizinischen Fakultät der Universität von Paris, eine »Abhandlung über den Wein und den Apfelwein«, die 1589 aus dem Lateinischen ins Französische übersetzt wurde.

Der Arzt lobte den Apfelwein als Getränk, das leichter und nahrhafter sei als alle anderen Getränke: »Den Beweis dafür liefern die hart arbeitenden Menschen dieser Provinz, die mit Brot und Sidre und ohne Fleisch mehr leisten, als sie es mit viel Fleisch und ohne Sidre tun würden.«

Mit »dieser Provinz« meinte der Ordinarius das Cotentin, seine Heimat. Dort wird heute noch Cidre gekeltert, und manchen Liter davon destilliert man in dieser nordwestlichsten Calvados-Region zu einem formidablen Apfelweinbrand.

Lebenswasser vom Landedelmann

Dank der Anordnung Karls des Großen war der »Sidre«, der im 17. Jahrhundert in *»Cisdre«* umbenannt wurde, woraus sich schließlich die heutige Bezeichnung *»Cidre«* ableitete, sozusagen salonfähig geworden, hatte sich von einem kratzbürstigen Säuerling zu einem passablen Tischgetränk gemausert. Von Calvados war zu jener Zeit allerdings noch nicht die Rede. Überhaupt war die Kunst der Destillation erst im 8. Jahrhundert mit den Arabern nach Europa gekommen, wo sie sich nur langsam verbreitete. In der Regel wurde aromatischer Alkohol erstmals in den Klöstern erzeugt, und dort diente er zumindest anfangs ausschließlich Heilzwecken.

Wie für viele Spirituosen gibt es auch für den Calvados zwei Versionen der Entstehungsgeschichte: eine offizielle und eine wahrscheinlichere. Schriftlich wurde der »Sidre«-Brand erstmals 1553 erwähnt. In jenem Jahr vertraute der Landedelmann Gilles de Gouberville seinem Tagebuch an, er habe in seinem kleinen Weiler Mesnil-au-Val erstmals »L'eau-de-vie de sidre« gebrannt.

In anderen Histörchen wird sogar behauptet, der adlige Landwirt und Gastwirt, dessen Anwesen auf einer Landzunge bei Cherbourg stand, sei der erste Inhaber einer königlichen Brennkonzession gewesen. Damit wäre der Schnaps aus Apfelwein erstmals offiziell zur Kenntnis genommen und möglicherweise sogar auch besteuert worden.

Doch wird man wohl davon ausgehen müssen, daß der Landedelmann mit seinem Lebenswasser keine Premiere für sich verbuchen konnte. Die Bauern, die aus ihren als Tafelobst nach wie vor ungeeigneten Äpfeln fleißig »Sidre« kelterten, waren schneller. Sie merkten schon früh, daß der Apfelwein in konzentrierter Form ein probater Magenwärmer und Seelentröster sein kann. Also destillierten sie, was die Kessel hielten, im stillen Kämmerlein und ohne obrigkeitlichen Segen zwar, aber mit Sachverstand und Freude am Produkt.

Mit »Sidre«-Brand nach England

Auch in adligen Kreisen scheint man schon lange vor Gilles de Gouberville die Qualitäten des eau-de-vie de sidre erkannt zu haben. Als sich nämlich Wilhelm I., Herzog der Normandie, 1066 einschiffte, um England zu erobern, wies er seinen Gefährten Bras de Fer an, »viel guten Obstbranntwein« in den Hafen von Valéry-sur-Somme zu schicken.

Was anderes als Branntwein aus »Sidre« könnte das schon gewesen sein? Von diesem Rohstoff gab es in der apfelreichen Normandie schließlich mehr als genug. So wird es wohl der Vorläufer des heutigen Calvados gewesen sein, der die Mannen des Herzogs anspornte, die große Insel jenseits des Kanals zu unterwerfen.

In Frankreich war man immer schon bemüht, die Herstellung aller Dinge streng zu reglementieren, die dem Menschen Genuß und dem Staat die nötigen Steuereinnahmen verschaffen. So konnte es auch nicht ausbleiben, daß das lange Zeit wilde Eau-de-vie-de-sidre-Brennen in geordnete Bahnen gelenkt wurde. Der erste Anstoß dazu kam nicht etwa von »oben«, sondern von den Brennern selbst.

Die Folgen einer Heirat

Unter der Regentschaft Heinrichs IV., der bekanntlich jedem Untertan ein Sonntagshuhn in den Topf versprach, schlossen sich die normannischen Obstweinbrenner 1580 zum ersten Mal zu einer Zunft zusammen. Der Berufsstand war inzwischen zu Ansehen gekommen, was beweist, daß auch das eau-de-vie de sidre zumindest schon von einiger Qualität gewesen sein muß. Um die zu erhalten und möglicherweise noch zu verbessern, stellten die Destillateure Regeln zur Herstellung auf.

Vom Handel mit dem »Sidre«- bzw. »Cisdre«-Branntwein zeugt das Familienregister »Nollent« im Archiv der Basse-Normandie: Auf dem Markt von Caen wurde demnach schon 1680 eau-de-vie de sidre (bzw. de cisdre) in Flaschen verkauft, auf denen das Wappen der Familie Nollent samt Wahlspruch »Geh Schritt für Schritt vorwärts« eingeprägt war.

Die Familie Nollent sollte sich wenig später um den normannischen Schnaps noch besonders verdient machen. Die Nollents waren seit Generationen Gutsherren von Trouville und Eigentümer von Château d'Hébertot, zu dem auch eine Apfelweinbrennerei gehörte. Im Jahr 1741 verheiratete Jacques de Nollent seine Tochter mit Paul d'Aguesseau, dem Sohn des königlichen Kanzlers. Der Schwiegervater von Françoise de Nollent, der zudem noch Justizminister war, erwirkte noch im Jahr der Hochzeit eine Verfügung, mit der erstmals von staatlicher Seite die Rechte und Pflichten der Apfelbranntweinerzeuger in der Normandie festgelegt wurden.

Von nun an ging's bergauf. Unter der erfolgreichen Leitung des Abgeordneten Marquis d'Aguesseau erreichte der Handel mit dem Apfelbranntwein schon im Jahr 1760 den für diese Zeit beträchtlichen Umfang von 50 000 Flaschen. Die Revolution dankte solches Engagement schlecht: 1792 wurden Schloß und Ländereien von Hébertot zu Staatseigentum erklärt und bald darauf von dem aus Rouen stammenden Bankier Duhamel erworben. Das »Lebenswasser« wurde auf dem Gut aber weiterhin erzeugt. Erst 1840 wurde der Vertrieb der Marke eingestellt.

Die Brennerei hielt die Produktion aber bis zum Ende des Jahrhunderts aufrecht. Erst 1981 nahm die Handelsgesellschaft von Château d'Hébertot, La Société Commerciale du Château d'Hébertot, den Handel mit dem Brand wieder auf. An den Gründer des Unternehmens erinnert heute noch der Markenname: *»Marquis d'Aguesseau«.*

Ein Schiff zerschellt ...

Bisher war immer nur von eau-de-vie de sidre (bzw. de cisdre) die Rede, aber nie von Calvados. Aus gutem Grund: Diesen Namen bekam das Destillat erst Anfang des 19. Jahrhunderts. Und eigentlich sind die Spanier dafür verantwortlich, daß das Lebenswasser aus »Cidre« als »Calvados« zum Trio der großen französischen Spirituosen gehört.

König Philipp II. von Spanien ging als der Regent in die Geschichte ein, unter dessen Herrschaft die Inquisition wütete. Er unterdrückte die Niederlande und sorgte mit seiner angeblich unbesiegbaren Armada für Schrecken auf den Meeren. Diese Flotte segelte 1588 von Spanien gegen England. Die über Ärmelkanal und Atlantik brausenden Stürme trieben jedoch eines der Schiffe, die Caravelle *»El Calvador«*, im Juli dieses Jahres an die Klippen der normannischen Küste, wo sie zerschellte.

Das muß auf die dortigen Bewohner einen solchen Eindruck gemacht haben, daß sie erst den Felsen und schließlich den ganzen Küstenstreifen nach dem Havaristen benannten. Aus dem spanischen »Calvador«, das »El« wurde einfach unterschlagen, machten die Normannen »Calvados«. Als Frankreich 1789/90 in Departements aufgeteilt wurde, bekam eines in der Normandie diesen Namen.

Und als man im 19. Jahrhundert nach einem klingenden Namen für den typischen Normannenschnaps suchte, lag es nahe, ihn nach dem Departement zu benennen, in dem er traditionell gebrannt wird: Der Calvados war, lange nach seiner Geburt, endlich auch getauft. Die Namensgebung war ein wichtiger Schritt auf dem Weg des Calvados zu einem Markenprodukt.

Von Literaten geliebt

Wer »Madame Bovary« von Gustave Flaubert gelesen hat, ist zumindest theoretisch schon einmal mit Calvados in Berührung gekommen. In dem Roman, der 1907 zum ersten Mal in deutscher Sprache erschien, wird Emmas Hochzeitsmahl beschrieben. Und dabei ist auch vom sogenannten *Trou Normand* die Rede, dem »Normannischen Loch«, das der Calvados in einen bereits gut gefüllten Magen zum unbeschwerten Weiterschmausen »einbrennen« kann.

Wenn man davon ausgeht, daß kein Schriftsteller einen Schnaps in sein Werk heben wird, den er nicht auch selbst schätzt, muß es unter den Literaten einige Calvados-Liebhaber gegeben haben. Erich Maria Remarque hat dem normannischen Brand in seinem weltberühmten Emigrantenroman »Arc de Triomphe« ein Denkmal gesetzt. Seine Hauptfigur, der nach Paris emigrierte Dr. Ravic, ist zwar alkoholischen Getränken generell nicht abgeneigt, zeigt aber eine deutliche Vorliebe für Calvados. Der schmeckt ihm so gut, daß er gelegentlich den Flaschen ganz auf den Grund geht.

Auch George Simenon, Krimilesern bestens vertraut, läßt Calvados durch seine Werke fließen. Wenn sein Kommissar Maigret zur Lösung schwieriger Fälle eine Denkpause einlegt, tut er das in seinem Stammlokal. Dort aktiviert er sein kriminalistisches Gespür nicht selten mit einem Gläschen »Calva«. So verkürzt wird in Frankreich oft bestellt.

Schließlich findet sich das Cidre-Destillat auch in einem Werk des französischen Erzählers und Lyrikers Raymond Queneau (1903–1976). In seinem Roman »Die blauen Blumen« läßt er den Herzog d'Auge in aller Frühe auf die Turmspitze seines Schlosses steigen, um dort die historische Lage in Augenschein zu nehmen. Dem bietet sich folgendes Bild:

»Die Hunnen aßen Tatar, der Gaulois rauchte eine Gitane, die Römer zeichneten Mäander, die Sarazenen tanzten eine Sarabande, die Franken suchten Kreuzer, und die Alanen betrachteten fünf Osseten. Die Normannen tranken Calvados.«

Die Runde der (Calvados-)Genießer

Die wahren Freunde des Calvados sind in der Vereinigung der Chevaliers du Trou Normand versammelt. Diese »Ritter vom Normannischen Loch« sind insgesamt mehr als 3500 Köpfe stark. Allein der deutsche Zweig, der sich »Bruderschaft« nennt, hat zur Zeit 120 Mitglieder.

An der Spitze der deutschen Calvados-Runde steht der siebenköpfige Rat, der einmal im Monat unter der Regie des Präsidenten Daniel Gallet zusammentritt. Dieser Präsident ist dem Normannenbrand auch beruflich verbunden: Er importiert ihn.

Einmal jährlich treffen sich alle Chevaliers zu ihrem Jahreskapitel. Dann werden neue Mitglieder in den erlauchten Kreis aufgenommen. Und es wird gut gespeist: Ein großes Menü der gehobenen Küche, die durchaus auch einmal regionalen Ursprungs sein darf, gibt den Calvados-Rittern Gelegenheit, das berühmte »Normannische Loch« zu zelebrieren. Traditionell nach der zweiten Vorspeise wird das Calvados-gefüllte Glas zur Hand genommen, und nach einem guten Schluck steht der Fortsetzung der Gaumenfreuden nichts mehr im Wege.

Sehr alten Calvados gibt es dann zum abschließenden Kaffee. Wer aber nun glaubt, das Genießen sei einziger Zweck der Calvados-Ritterrunde, der irrt. Die deutsche Bruderschaft der Chevaliers du Trou Normand, die auf der Basis der Satzungen der Stamm-Confrérie weitgehend selbständig arbeitet, möchte durch ihre Tätigkeit – weit über gastronomische Belange hinaus – auch zur Festigung der deutsch-französischen Beziehungen beitragen.

Kein Liebhaber des edlen Cidre-Brandes kann freilich in die Bruderschaft der Calvados-Chevaliers eintreten wie in einen beliebigen Verein. Potentielle neue Mitglieder werden von alten Mitgliedern empfohlen; wer Chevalier werden will, braucht einen Paten, der sich für ihn einsetzt.

Chancen hat, wer sich in irgendeiner Weise um den Calvados verdient gemacht hat. Das sind natürlich vor allem Gastronomen, die das aromatische Destillat in den Kreis der Spitzenprodukte ihres Angebots aufgenommen und so zu seiner Verbreitung und zu seinem Ansehen beigetragen haben. Das sind aber auch Händler und Importeure, die über das normale Maß hinaus den Ruf des Calvados als Spezialität unter den Spirituosen fördern.

Ein Unbekannter ist der Calvados in Deutschland schon seit einigen Jahren nicht mehr, wenngleich das Wissen um diese Spirituose bei vielen Konsumenten noch wenig ausgeprägt ist. Zum heutigen Bekanntheitsgrad des Cidre-Brandes hat vor allem eine Kampagne beigetragen, in der humoristisch gezeichnete Normannen durch viele Publikationen geistern und mit flotten Sprüchen Appetit auf Calvados machen: »Es hat lange gedauert, ehe sich die Normannen entschließen konnten, uns etwas von ihrem Calvados abzugeben.« Oder: »Das Merkwürdige an den Normannen ist, daß sie beim Kaffeetrinken immer lustiger werden.« Wer bekäme da nicht Lust, sich selbst ein Gläschen einzuschenken ...

*I*n der Küstenlandschaft im Norden Frankreichs wuchsen schon vor Urzeiten zahllose wilde Apfelbäume. Aus den unansehnlichen und sauren Äpfeln kelterten die Bewohner der Region schon früh den Vorläufer unseres heutigen Cidre, einen Apfelwein. Als das Destillieren auch in der Normandie bekannt war, nutzte man diese Möglichkeit, um auf der Basis dieses Apfelweins einen aromatischen Schnaps zu brennen. Ihren heutigen Namen bekam die Spirituose im 19. Jahrhundert nach einem Departement, in dem immer schon destilliert wurde. Dieses wiederum – und damit letztlich auch der Brand – wurde nach einem an der normannischen Küste gestrandeten Schiff benannt.

Calvados –
später Sprung über
die Grenzen

Im 8. und 9. Jahrhundert hatten die Bewohner des Landstriches zwischen Seinemündung und Halbinsel Cotentin immer wieder unter einer Plage zu leiden, die aus Nordosten über das Meer kam. Die Wikinger, nordgermanische Seefahrerscharen auf Beute- und Handelszügen, tauchten mit ihren schnellen Drachenbooten seit 787 zuerst an der Küste Englands und wenig später auch an der des Frankenreiches auf.

Seit Mitte des 9. Jahrhunderts siedelten die Nordmänner auch an den Orten ihrer Überfälle und gründeten erste Staatsgebilde. Daß sie sich auch auf einem Stück der französischen Kanalküste als friedliche Bürger niederließen, ist einem klugen Schachzug des Frankenkönigs Karl zu danken, der zu Unrecht den wenig schmeichelhaften Beinamen »der Einfältige« erhielt.

Dieser König erkannte, daß eine Domestizierung der Eindringlinge das beste Mittel gegen ständige Überfälle war. Also gab er dem Normannenführer Rolf 911 im Vertrag von Saint-Clair-sur-Epte das besetzte Gebiet zum Lehen. Rolf zeigte sich dankbar, ließ sich taufen und nannte sich fortan Rollon. Unter diesem Namen gilt er heute als

Gründervater der Normandie, die ihren Namen von den seßhaft gewordenen Nor(d)mannen bekommen hat, deren Nachkommen sich nicht nur um solch erlesene Gaumengenüsse wie Camembert oder Pont-l'Evêque verdient gemacht haben, sondern eben auch um den Calvados.

Das Land der Äpfel

Gourmets auf Frankreichreisen schätzen die Normandie als die Region der üppigen Tafelfreuden. Hier ist die Milch fetter, die Sahne dicker und die Butter schmackhafter als anderswo. Normannische Käse haben unter Kennern einen Ruf wie Donnerhall. Auf saftigen Weiden wächst Vieh zu bestem Fleisch heran. Die Küste ist ein Dorado für Liebhaber frischer Meeresfrüchte und Fische.

Die regionale Küche bildet mit den Produkten des Landes eine harmonische Einheit, in der Rahm und Butter eine bedeutende Rolle spielen. Und was andernorts in Frankreich der Wein, ist in der Normandie der Apfelwein. In dieser Gegend, die als eine von wenigen in Frankreich keinen Wein aus Trauben produziert, steht der Apfel im Mittelpunkt. Aus ihm wird Cidre gewonnen, der leicht moussierende und schwach alkoholische Apfelwein, der sowohl herb als auch lieblich zu haben ist.

Cidre ist nicht nur Tischgetränk und Durstlöscher für zwischendurch. Die besten Kutteln der Welt, die berühmten »Tripes à la mode de Caen«, bekommen ihren besonderen Geschmack vom Apfelwein, in dem sie mit Karotten, Zwiebeln und Äpfeln einen Tag lang geschmort werden. Die Köche der Normandie haben den Cidre als Wein-

Alternative unter den Zutaten der feinen Küche salonfähig gemacht.

In seiner destillierten Form hat der Apfelwein den »Normannen« zu einem Ruf als ausgezeichnete Schnapsbrenner verholfen. Zwar werden auch in anderen Gebieten Frankreichs Obstbrände aus Äpfeln hergestellt, aber Calvados gibt es eben (fast) nur aus der Normandie. Das gesamte Produktionsgebiet ist nach dem Departement Calvados benannt, doch diese verwaltungstechnische Einheit ist längst nicht deckungsgleich mit dem Herkunftsgebiet des Cidre-Brandes. Die Region, die dem Calvados seinen Namen gab, ist vielmehr nur eines von insgesamt neun Departements, in denen Calvados nach dem Gesetz erzeugt werden darf.

Kleine Calvados-Geographie

Die Normandie war früher eine Provinz, heute besteht sie aus zwei von insgesamt 22 Regionen, in die Frankreich eingeteilt ist: Basse Normandie und Haute Normandie, Untere und Obere Normandie also.

In diesen beiden normannischen Regionen liegen fünf der neun Departements, innerhalb deren Grenzen Calvados erzeugt werden darf: Calvados, Manche, Orne (Basse Normandie), Seine-Maritime und Eure (Haute Normandie). Der Schwerpunkt der Produktion liegt also tatsächlich in der Normandie.

In Gebieten, die administrativ nicht »normannisch« sind, darf der Brand nur in wenigen Landkreisen nahe der Grenze zur Normandie erzeugt werden. Diese Territorien sind historisch eng mit der Normandie verbunden. Es handelt sich um folgende Departements: Sarthe und Mayenne (Region Pays de la Loire), Eure-et-Loir (Region Centre), Oise (Region Picardie). Unter dem Gesichtspunkt der heutigen innerstaatlichen Aufteilung Frankreichs ist es also nicht ganz korrekt, vom Calvados als einem »normannischen« Destillat zu sprechen.

Um die Grenzen der Departements scheren sich allerdings weder Calvadosbrenner noch -kenner. Sie unterscheiden elf Ursprungs- oder Herkunftsgebiete, in Frankreich »Appellations d'Origine« genannt: *Le Pays d'Auge* (u. a. im Departement Calvados), *Le Calvados* (nicht gleichzusetzen mit dem gleichnamigen Departement!), *Le Cotentin, L'Avranchin, Le Mortainais, Le Domfrontais, La Vallée de l'Orne, Le Pays du Merlerault, Le Pays de la Risle, Le Perche* und *Le Pays de Bray.*

Von Paris in die Welt

Jahrhundertelang hielten es die Normannen mit ihrem edlen »Wässerchen« wie die Württemberger mit ihrem Wein: Sie machten kein Aufhebens davon, sondern tranken es lieber selbst. Daran änderte sich auch nichts, als aus dem eau-de-vie der Calvados geworden war.

Die Wende kam mit dem Ersten Weltkrieg. Soldaten aus der Normandie teilten mit ihren Kameraden den heimischen Schnaps. Die fanden Geschmack daran und sorgten für eine weitere Verbreitung innerhalb der französischen Grenzen. Paris war eine wichtige Station auf dem Weg des Calvados in die Welt. In den Bistros der Hauptstadt, in den

*Wo der Calvados herkommt**

Appellation d'Origine Controlée	Departement(s)
Le Pays d'Auge	Calvados
	Orne
	Eure
L'Avranchin	Manche
Le Calvados	Calvados
Le Cotentin	Manche
Le Domfrontais	Orne
	Mayenne
	Manche
Le Mortainais	Manche
Le Pays de Bray	Seine-Maritime
	Oise
Le Pays du Merlerault	Orne
Le Pays de la Risle	Eure
	Orne
	Seine-Maritime
Le Perche	Orne
	Eure-et-Loir
	Sarthe
La Vallée de l'Orne	Orne
	Mayenne
	Sarthe

* Quelle: Sopexa

kleinen Restaurants und bald auch in den Tempeln der Feinschmeckerei gewann der aromatische Brand schnell neue Freunde.

An Export dachten damals noch nicht einmal die geschäftstüchtigsten Hersteller. Der destillierte Apfelwein blieb noch jahrzehntelang fest in der Hand französischer Feintrinker. Im Jahr 1942 sorgte ein Ursprungsgesetz für klare Abstammungsverhältnisse und regelte gleichzeitig die Herstellung bis ins Detail: Der Calvados wurde in den Kreis der Spitzenspirituosen aufgenommen.

Da konnte es nicht ausbleiben, daß die französischen Genießer irgendwann einmal mit ausländischen Gourmets teilen mußten. Zu Beginn der 50er Jahre wurde man auch jenseits der blau-weiß-roten Grenzpfähle auf den Calvados aufmerksam, zu einer Zeit also, da andere französische Spirituosen wie Cognac längst weltweit bekannt waren.

Aber es sollte noch Jahre dauern, ehe der Brand aus Apfelwein in nennenswerten Mengen exportiert wurde. Zuverlässige Statistiken über die Entwicklungen der Absätze im Ausland gibt es erst seit einigen Jahren. Sie zeigen, daß Calvados zwar noch nicht zum internationalen Digestif geworden ist wie sein berühmter Verwandter auf der Basis von Wein, aber doch auf dem besten Weg ist, sich die Welt nach und nach zu erobern.

Belgien will Originale

Die Mehrheit des Calvados verläßt Frankreich nicht etwa in Flaschen als Originalabfüllungen, sondern als offene Ware, die erst im Einfuhrland in das endgültige Behältnis abgefüllt wird. Eine Ausnahme macht Belgien, das neben der Bundesrepublik Deutschland, der Schweiz und Japan zu den vier größten Abnehmern gehört.

Frankreichs nördlichster Nachbar nimmt derzeit rund 11 Prozent der gesamten Ausfuhren ab: Mit 352 000 Litern Calvados tranken sich die Belgier 1987 auf den 3. Platz der Calvados-Exportstatistik vor. Im Gegensatz zu allen anderen wichtigen Abnehmern halten es die Belgier mit den

Flaschen. Schon seit Jahren nehmen sie gut 80 Prozent ihrer Calvados-Einfuhren in Form von Originalabfüllungen in Empfang.

Ganz anders die Schweiz, mit derzeit rund 405 000 Litern zweitwichtigster Auslandskunde der Cidre-Destillateure. Die Eidgenossen importieren gut 90 Prozent ihres Calvados-Bedarfs in Fässern.

Auch die Japaner sind auf den Calvados-Geschmack gekommen. Mit rund 285 000 Litern nehmen sie 9 Prozent der Exporte ab und behaupten damit Platz 4 auf der Liste der wichtigsten Auslandsmärkte.

Deutschland: Calvados-Importeur Nr. 1

Im Jahr 1987 wurden aus Frankreich insgesamt 3,269 Millionen Liter Calvados ausgeführt; 1,89 Millionen davon als Faß-, 1,397 Millionen Liter als Flaschenware. Die Exporte machten 41 Prozent der gesamten Produktion von rund 8 Millionen Litern aus. Von der in 1987 erzeugten Calvadosmenge nahm allein die Bundesrepublik gute 1,5 Millionen Liter ab; das sind beachtliche 19 Prozent.

Das war nicht immer so: Zwischen 1970 und 1980 bewegten sich die Einfuhren zwischen 560 000 und 700 000 Litern. Offizielle Stellen rechneten die Absätze stets in Flaschen zu je 0,7 Liter um. Das Wunschziel »1 Million Flaschen in die Bundesrepublik« wurde 1972 zum ersten Mal erreicht.

1981 waren die deutschen Importe auf einem Tiefpunkt angelangt: Nur 952 700 Flaschen wurden abgesetzt, im Jahr zuvor waren es noch fast 1,2 Millionen gewesen. Seit jenem

Jahr wirbt der Wirtschaftsverband Calvados zusammen mit der Sopexa (Förderungsgemeinschaft für französische Landwirtschaftserzeugnisse, Düsseldorf) regelmäßig in Deutschland für das Produkt. Mit Erfolg, wie die ständig steigenden Absatzzzahlen beweisen. So waren die Einfuhren 1985 um 24 Prozent gestiegen, 1986 um 29 und 1987 um 20 Prozent. Der Aufwärtstrend hielt auch 1988 an. Inzwischen werden von zehn exportierten Flaschen Calvados viereinhalb in der Bundesrepublik Deutschland geleert.

Rund drei Viertel der deutschen Calvados-Importe kommen als offene Ware ins Land. Die Genießer hierzulande können unter rund 50 Marken wählen, von denen einige allerdings nur in begrenzten Mengen und nur bei meist kleinen Händlern zu haben sind.

Tatsächlich gibt es keinen Grund, den offen importierten Calvados geringer einzuschätzen als die Originalimporte. Renommierte Hersteller, deren Marken Kennern ein Begriff sind, lassen in Deutschland abfüllen. Diese Praxis ist übrigens auch bei anderen Spirituosen gang und gäbe.

Daß es zu Manipulationen kommen könnte, schließt niemand aus. In der Normandie wird von diesbezüglichen Aktivitäten in der Schweiz gemunkelt. Immerhin können die französischen Behörden, die im eigenen Land keinen Tropfen unkontrolliert lassen, jenseits ihrer Grenzen nicht tätig werden.

Beim Calvados wird das Problem wie beim Cognac und beim Armagnac gelöst: Kein Liter loser Ware geht ohne entsprechendes Alterszertifikat auf die Reise, mit dem der Importeur gegebenenfalls die Übereinstimmung zwischen Etikett und Inhalt belegen kann. Ab 1993 wird jeder Importeur zusätzlich verpflichtet sein, über das Alter der offen eingeführten Ware auch selbst Buch zu führen.

Gelegentlich werden im Ausland abgefüllte Flaschen zur Alterskontrolle nach Frankreich geschickt. Von offizieller Seite ist zu hören, daß es zumindest in Deutschland in dieser Hinsicht noch nie Probleme gab ...

Marken und Calvados-Importeure in der
Bundesrepublik Deutschland*

Marke	Importeur
Anée	Calvet & Co. GmbH, Alzeyer Straße 31, 6520 Worms.
Baron de La Touque	Vinco-Import GmbH*, Jakobstraße 8, 5500 Trier.
Baron Randolph	Doornkaat AG, Neuer Weg 35–40, 2980 Norden 1.
Bizouard	Louis Pistorius GmbH, Am Papierweiher 7, 6653 Blieskastel.
Boulard	Martini & Rossi AG, Bosenheimer Straße 218, 6550 Bad Kreuznach.
Busnel	Deinhard/Epikur GmbH, Deinhardplatz, 5400 Koblenz.
Calvador	Chandon Handelsgesellschaft mbH, St.-Anna-Platz 2, 8000 München.
Clos de Mornière	Jacques' Weindepot*, Bilker Allee 49, 4000 Düsseldorf 1.
Clos Minotte	Max Piehl, Hardenstraße 51, 2000 Hamburg 28.
Coeur de Lion	DC Ges. für Weinimporte, Niederhofheimer Str. 61, 6238 Hochheim.
Dauphin	Eggers & Franke, Töferbohm 8, 2800 Bremen 1.
Distillerie Houley	Alois Dallmayr*, Dienerstraße 14–15, 8000 München 2.

Marke	Importeur
Domaine de Semainville	Alois Dallmayr*, s.o.
Domaine Dupont	Weinimport Rutishauser, Aschaffenburger Str. 140, 8758 Goldbach.
Domaine Gonneville	Alois Dallmayr*, s.o.
du Bocage Rèserve	Jacques' Weindepot*, s.o.
Ducs de Normandie	Alois Dallmayr*, s.o.
du Pont Perce	Daniel Gallet*, Talstraße 4, 6751 Höringen.
Fauchon	Feinkost Käfer*, Prinzregentenstr. 73, 8000 München 80.
Fermier	Gaston Frottier & Fils GmbH*, Eulenburgstr. 11, 6520 Worms.
Fermier R. Ouin	Feinkost Käfer*, s.o.
Fermier Vieille Chaumlère	Joh. Eggers Sohn & Co., Postfach 846, 2800 Bremen 1.
Gilbert	J. B. Sturm Markenimport GmbH, Am Rottland 2–10, 6220 Rüdesheim.
Jules Pommier	D. V. Schlumberger KG, Buschstr. 20, 5309 Meckenheim.
La Traque	Euromarken Import GmbH, Kleinaustraße, 6200 Wiesbaden 1.
Layocourt	Feinkost Käfer*, s.o.
Lecompte	Wein Cabinet Jacques Biehl, Hauptstraße 40a, 5010 Bergheim.
Lecompte Sélectionné par Käfer	Feinkost Käfer*, s.o.
Legrande	Monopole Marken Import, Gustav-Heinemann-Str., 4044 Kaarst 1.
Louis Dupont	Grand Cru Select, Godesberger Allee 76, 5300 Bonn 2.
Marquis d'Aguesseau	D. V. Schlumberger, s.o.
Michel Huard	Bremer Weinkolleg A. & H. Segnitz*, Löwenhof 2, 2800 Bremen 1.
Montgommery	Gebr. Anraths GmbH, Bilker Allee 57, 4000 Düsseldorf 1.
Morice	Hanscat. Weinhandelsgesellsch.*, Neustadtsbahnhof 3, 2800 Bremen.

Marke	Importeur
Morin	Charles Hosie GmbH, Spitaler- straße 16, 2000 Hamburg 1.
Nicolas Napoléon	Rolf Herzberger KG, Am Felsbrunnen, 6600 Saarbrücken.
Noble Dame	5th Avenue Galerie*, Schwarzenbergstr. 3–7, 7890 Waldsh.-Tiengen.
Pâpidoux	Borco-Marken-Import, Winsbergring 14–22, 2000 Hamburg 54.
Père Magloire	Veuve Clicquot Import GmbH, Taunusstraße 21, 6200 Wiesbaden.
Père Mathieu	Franz Strebel II, Prof.-Hoepke-Straße 12, 6530 Bingen.
Pomme d'Adam	Alois Dallmayr*, s.o.
Prince Robert	Frankhof-Kellerei GmbH*, Burgeffstraße 19, 6203 Hochheim.
Réserve Franz Keller	Weingut Schwarzer Adler*, Franz Keller, 7818 Vogtsburg-Oberbergen.
Roger Groult	Uni-Handelsgesellschaft mbH, Am Felsbrunnen, 6600 Saarbrücken.
Rollon	France Vinicole, Hafenstraße 20, 7640 Kehl.
Sélection E. Dupont	Frankhof-Kellerei GmbH, s.o.
St. Charles	Poullig KG, Am Bermeshau 4, 4000 Düsseldorf 1.
Yves Pellerin	Brogsitter's, Walporzheimer Straße 125, 5483 Walporzheim.

* Diese Liste ist nicht als Bezugsquellenverzeichnis zu verstehen, da die meisten Importeure nur an den Großhandel bzw. an den Fach- und Einzelhandel liefern. Gegebenenfalls können die Importeure aber Bezugsquellen nennen. Die mit hochgestelltem Stern versehenen Firmen verkaufen auch an Endverbraucher. (Wenn ein Calvados lediglich als »Calvados« oder »Calvados du Pays d'Auge« ohne nähere Bezeichnung gehandelt wird, ist in der Liste als Markenname der des Herstellers angegeben.)

*Calvados hat Konjunktur, was neben dem Inhalt auch
mit den exquisiten und auffallend gestylten Flaschenformen
mancher Calvados-Spezialitäten zu tun hat.*

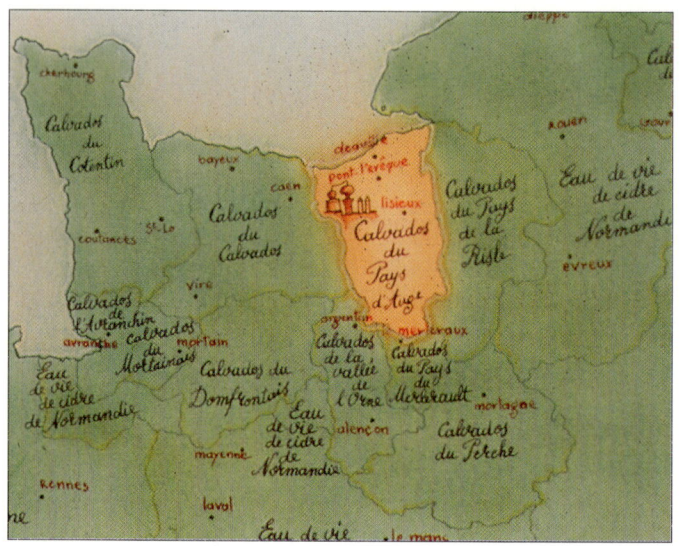

Calvados ist ein typisches Produkt der Normandie. Doch die Top-Qualitäten stammen nur aus einem vergleichsweise kleinen Gebiet, dem Pays d'Auge.

Obgleich Deutschland zum wichtigsten Auslandsmarkt für Calvados geworden ist, ist das Angebot hierzulande noch vergleichsweise bescheiden. Die bekanntesten Marken werden von großen Importfirmen gehandelt, aber die teilweise ausgezeichneten Produkte kleinerer Hersteller muß man regelrecht suchen. Das liegt daran, daß es keine aktuelle und vollständige Liste der Importeure gibt. Fündig wird man aber oft bei Weinhändlern, die neben französischen Weinen auch geringe Mengen Calvados einführen.

*C*alvados darf nur in gesetzlich genau definierten Gebieten erzeugt werden, die entweder verwaltungsrechtlich zu einer der beiden Normandie-Regionen gehören oder der Normandie historisch zugerechnet werden. Jahrhundertelang war er ein reiner Regionalschnaps. Im übrigen Frankreich wurde Calvados durch den Ersten Weltkrieg bekannt; die französischen Grenzen überschritt der Cidre-Brand erst in den 50er Jahren. Die Bundesrepublik Deutschland ist der wichtigste ausländische Markt: In den letzten Jahren stiegen die Einfuhren um jeweils mehr als 20 Prozent.

Der Rohstoff,
der Cidre
und das Gesetz

Wie verhilft man alkoholischen Getränken zu Weltruf? Eine Antwort auf diese Frage geben französische Winzer und Brenner schon seit Generationen: Indem man nichts dem Zufall überläßt und mit strengen Vorschriften das gesamte Werden eines Produktes reglementiert, angefangen beim Anbau der Rohstoffe und endend mit den Vorschriften für eine wirkungsvolle Vermarktung.

So ist es auch zu erklären, daß die Vorschriften zur Herstellung von Calvados sich nicht auf dieses Produkt allein beschränken. Wenn man der Qualität dieser Spirituose auf die Spur kommen will, muß man zurückgehen bis zu den Äpfeln, aus denen Cidre, der Ausgangsstoff des Calvados, gekeltert wird. Eigentlich muß man sogar noch weiter ausholen, denn die indirekten Reglementierungen der Calvados-Produktion befassen sich sogar mit den Apfelbäumen.

Die Herkunft der Äpfel für einen Cidre muß genau mit der »Appellation« (Ursprungsbezeichnung) übereinstimmen, die der später daraus destillierte Calvados einmal tragen soll. Calvados mit der »Appellation Pays d'Auge

Contrôlée« z.B. muß folglich aus Cidre gebrannt sein, der aus den Äpfeln dieses genau begrenzten Gebietes gekeltert wurde.

Diese »Appellations« darf man sich freilich nicht als zusammenhängende Gebiete vorstellen. Innerhalb der einzelnen Departements kann in ganzen Landkreisen, aber auch nur in verschiedenen Gemeinden innerhalb eines Landkreises eine Cidre- und damit auch eine Calvados-Produktion zugelassen sein. Ein Gesetzestext, der zwei engbedruckte DIN-A4-Seiten füllt, zählt akribisch jedes Dorf auf, in dem Brennkessel beheizt werden dürfen.

Kein Cidre aus Tafelobst

Seit Karl dem Großen ist es mit dem Wildwuchs der Apfelbäume vorbei. Wenn auch die Cidre-Äpfel als Tafelobst denkbar ungeeignet sind, so ist ihr Anbau nicht weniger geregelt als der ihrer zum Rohverzehr bestimmten Verwandten. Von den hochstämmigen Bäumen dürfen höchstens 100, von denen mit niedrigen Stämmen je nach Sorte zwischen 500 und maximal 1000 auf einem Hektar stehen.

Insgesamt sind 48 Apfelsorten zur Cidre-Herstellung zugelassen. Man unterscheidet zwischen sauren, säuerlichen, bitteren, bittersüßen und süßen Arten. Die sauren (13) und die bitteren Sorten (12) sind in der Überzahl, was passionierte Apfelbeißer schrecken, Cidre-Trinker aber erfreuen dürfte: Wohlschmeckende Äpfel ergäben nie und nimmer einen guten Apfelwein.

Die richtige Mischung macht's. Süße Sorten, insgesamt 10, geben den Zucker, der sich beim Gären in Alkohol verwan-

Die 48 zur Cidre-/Calvados-Produktion zugelassenen Apfelsorten*

Apfelsorte	Reifeperiode	Geschmack des Mostes
Antoinette	zweite	süß
Argile Rouge Bruyère	dritte	bittersüß
Armagnac	zweite/dritte	sauer
Avrolles	zweite/dritte	sauer
Bedan	dritte	bittersüß
Binet Rouge	zweite	süß
Blanchet	zweite/dritte	säuerlich
Blanc Sur	zweite	sauer
Cartigny	zweite	bittersüß
Chevalier Jaune	zweite	bitter
C'Huero Briz	zweite	bitter
C'Huero Ru	zweite	bitter
Clos Renaux	zweite/dritte	süß
Clozette	zweite	süß
Diot Roux	zweite	sauer
Domaines	zweite	bitter
Douce Coetligné	zweite/dritte	süß
Douce Moen	zweite	bittersüß
Doux Évéque	erste/zweite	bitter
Doux Joseph	erste/zweite	bitter
Doux Normandie	dritte	süß
Doux Vert de Carrouges	zweite	süß
Frequin Rouge	zweite	bitter
Guillevic	zweite	sauer
Jaune de Vitré	zweite/dritte	sauer
Judin	dritte	sauer
Kermerrien	zweite	bitter
Locard Blanc	zweite	säuerlich
Locard Vert	zweite/dritte	sauer
Marie Ménard	zweite	bitter
Marin Onfroy	dritte	süß
Mettais	zweite	bitter
Moulin à vent	dritte	bittersüß
Muscadet de Dieppe	erste	bittersüß
Noel des Champs	dritte	bittersüß

Apfelsorte	Reifeperiode	Geschmack des Mostes
Peau de Chien	zweite	bitter
Petit Jaune	zweite	sauer
Pomme de Boué	dritte	sauer
Pomme de Moi	zweite	säuerlich
Rambault	zweite/dritte	säuerlich
Renao	dritte	sauer
René Martin	zweite/dritte	sauer
Rouge Duret	dritte	süß
Rouget de Dol	zweite	säuerlich
Saint-Martin	dritte	süß
Sebin Blanc	zweite/dritte	sauer
Tardive de la Sarthe	dritte	bitter
Tesnières	dritte	säuerlich

* Quelle: »Le Grand Livre des Calvados«/A.N.I.E.C.

delt. Bittere Früchte bestimmen den Körper des Cidre, saure Äpfel entscheiden über seine Haltbarkeit. Die beiden anderen Geschmacksrichtungen dienen der Abrundung. Doch werden die Apfelmischungen nicht nur nach dem Geschmack der einzelnen Sorten zusammengestellt. Wichtig für die Produktion und die spätere Qualität des Apfelweines ist auch ein ausgewogenes Verhältnis zwischen weichen, mittelfesten und festen Sorten.

Bei der Ernte, deren Beginn im Calvados-Gebiet gebührend gefeiert wird, kommt es darauf an, den Reifepunkt jeder einzelnen Apfelsorte genau abzupassen. Man unterscheidet zwischen drei Reifeperioden (1er, 2e und 3e époque de maturité) und zwei Zwischenperioden (1er–2e und 2e–3e époque de maturité). Nach ihnen richten sich die Pflückzeiten, die Ende September beginnen und mit dem Einsetzen der ersten Nachtfröste enden.

Maische zu Weihnachten

Nach dem Pflücken werden die Äpfel nach Sorten getrennt gelagert. Üblicherweise beginnt das Keltern erst, wenn auch die letzten Äpfel von den Bäumen gepflückt worden sind, weil erst eine Mischung verschiedener Sorten einen ausgewogenen Cidre ergibt.

Doch das Warten hat noch einen weiteren Grund: Nach einigen Wochen Lagerzeit werden die Äpfel von einem leichten, tief rostfarbenen Schimmel überzogen. Das ist kein schlechtes Zeichen, im Gegenteil. Der Belag signalisiert, daß die Früchte das Stadium der Edelfäule erreicht haben, die – ähnlich wie bei den Trauben im Sauternes – ein Zeichen der Überreife ist.

Mitte Dezember, wenn anderswo jedermann mit den Vorbereitungen für das Weihnachtsfest beschäftigt ist, leisten die Obstbauern in der Normandie Schwerarbeit. Die Äpfel müssen zuerst zerkleinert werden. Das geschieht nur noch selten mit den nostalgischen Apfelmühlen, die von Pferden oder Maultieren angetrieben werden. Heute wird meist mit modernen Reiben gearbeitet, bei denen Sägeblätter die Arbeit des Mahlsteines übernommen haben. Doch das Verfahren ist weniger wichtig, entscheidend ist die richtige Konsistenz der Maische, die weder zu breiig noch zu grob sein darf.

Zusätze sind verboten

Wenn die einzelnen Apfelsorten nicht schon direkt nach der Ernte vermischt wurden, geschieht das im Maische-

Stadium. Diesem Brei aus zermahlenen Äpfeln darf nichts zugefügt werden, auch kein Zucker, der später den Alkoholgehalt erhöhen würde. Auch das Erhitzen der Maische, das die nachfolgende Gärung des Saftes beschleunigen könnte, ist ausdrücklich verboten.

Die zerkleinerten Früchte tropfen 8 Stunden aus und werden dann gepreßt. Aus 1000 Kilogramm Äpfeln werden rund 700 Liter Apfelwein. Doch zuerst einmal entsteht nur Saft. Der aus erster und zweiter Pressung enthält etwa 100 Gramm Zucker pro Liter.

Außer diesem natürlichen darf der Saft keinen weiteren Zucker und auch kein Zuckerkonzentrat enthalten. Ein Zusatz von Konservierungsmittel ist ebenso untersagt wie jegliche andere fremde Zutat. Der spätere Cidre ist also ein durch und durch natürliches Getränk.

Die Gärung vollzieht sich in großen Holzbottichen oder speziellen Gärtanks. Da jedes nichtnatürliche Verfahren wie Erhitzen oder Hefezusatz ausgeschlossen ist, dauert es rund einen Monat, ehe die Fermentation abgeschlossen ist und der Cidre seinen vorgeschriebenen Mindestalkoholgehalt von 4,5 Prozent erreicht hat. Während jedes Gärstadiums probieren und kontrollieren die Kellermeister laufend den Most.

Calvados fermier – Calvados industriel

Generell unterscheidet man bezüglich der Herstellung zwischen »Calvados fermier«, dem Schnaps, der von den Bauern erzeugt wird, und dem »Calvados industriel«, den die gewerblichen Großbrenner herstellen. Die damit ver-

bundenen Steuer-, Subventions- und sonstigen Differenzie-
rungen sollen hier unbeachtet bleiben.

Die industriellen Hersteller können entweder Äpfel oder
fertigen Cidre von einer Vielzahl landwirtschaftlicher Betriebe beziehen und Calvados (bzw. zuerst Cidre und daraus dann Calvados) herstellen.

Dagegen dürfen die Erzeuger von »Calvados fermier«
nur mit Äpfeln aus eigenem Anbau arbeiten. In der höheren Qualität des von den Bauern gewonnenen Cidre liegt
denn auch der dominierende Unterschied: Die meisten
Bauern lassen es sich nicht nehmen, getrennt nach Apfelsorten und Ernten zu maischen. Das ergibt Cidre von höchst
eigenwilligem Charakter.

Werden diese Cidre allerdings zu Calvados weiterverar-
beitet, nivelliert sich der Qualitätsvorsprung zu den industriellen Brüdern meist sehr schnell. Denn wie die meisten
Spirituosen ist auch der Cidre-Brand ein Gemisch aus verschiedenen Einzeldestillaten, die erst in ihrer Gesamtheit
einen »runden« Tropfen ergeben.

In der Normandie gibt es 12 000 Erzeuger von Cidre-
Äpfeln, doch nur 700 sind zugleich Calvados-Produzenten;
die Mehrheit dieser Destillateure sind bäuerliche Kleinbe-
triebe, von denen viele mit ihren Produkten gar nicht erst in
den Markt gehen, sondern sich auf einen Haustür-Verkauf
beschränken. Ein Großteil der Kleinbrenner verkauft seine
Erzeugnisse überwiegend an die industriell arbeitenden
Brennereien zum Verschneiden. Man kann daraus folgern,
daß die großen Destillerien wie jene 25 Betriebe, die
1000 Beschäftigte haben, enorme Mengen an Äpfeln oder
an fertigem Cidre aufkaufen müssen, um ihre Calvados-
Produktionen sichern zu können.

Birnen im Calvados

Calvados wird immer und überall nur als »Branntwein aus Apfelwein« bezeichnet. Diese Definition ist nicht ganz richtig. Das Gesetz erlaubt nämlich auch die Destillation von Birnenwein, französisch *»poiré«*. In den Vorschriften über die Calvados-Herstellung ist immer von *»cidre ou poiré«* die Rede, also von Apfel- oder Birnenwein.

Obwohl die Beifügung von Birnenwein legal ist und die Qualität des Calvados keineswegs schmälern muß, wird dies von fast allen Herstellern und auch den Importeuren mit Schweigen übergangen. In der Produktinformation findet sich darüber meist kein Wort. Angaben über den genauen zahlenmäßigen Anteil an Birnenwein in den verschiedenen Calvados-Marken wird man daher vergeblich suchen.

Wozu ist die Birne im Calvados gut? Fachleute behaupten, diese Frucht bringe ein feines, reifes Aroma. Im Übermaß eingesetzt, macht der Birnenwein den Schnaps aber »hart«. Die Vorschriften setzen keinen Höchstanteil fest, so daß rein theoretisch ein Calvados sogar nur aus »poiré« destilliert sein könnte. Doch das ist wirklich nur Theorie, denn einem solchen Destillat würde der typische Calvados-Charakter völlig fehlen. Und schließlich wollen auch die Erträge von rund 15 Millionen Apfelbäumen verwertet werden ...

Generell kann man sagen, daß heute weit weniger Birnenwein destilliert wird als noch vor einigen Jahrzehnten. »Je nach Jahrgang 5 bis 10 Prozent Poiré« enthält z. B. der Calvados »Cœur de Lion«, wie der Hersteller wissen läßt. In der Brennerei Boulard enthält der Most zum Destillieren höchstens 10 Prozent Birnenanteil. Dieser diene dazu, einen Säuremangel der verwendeten Äpfel zu kompensieren, heißt es in Coquainvilliers.

Es liegt im Ermessen des Brenners, ob und in welcher Menge er Birnenwein einbezieht. Der Destillateur des Calvados *»Boulard«* z. B. macht Unterschiede: Für den mit der »Appellation Calvados Contrôlée« verwendet er Birnenwein, der mit der »Appellation Pays d'Auge Contrôlée« muß ohne diese Zutat auskommen.

Qualitätskriterien des Apfel- und Birnenweines

Herkunft:	Nur aus dem Gebiet, in dem auch destilliert wird
Rohstoffe:	Nur zugelassene Sorten
Gärung:	Auf natürliche Weise ohne jeglichen Zusatz
Alkoholgehalt:	Mindestens 4,5 Volumenprozent
Flüchtige Säure:	Maximal 2,5 Gramm je Liter
Schweflige Säure:	Maximal 40 Milligramm je Liter
Gesamtextrakt:	Mindestens 14 Gramm je Liter
Acetaldehyde:	Maximal 200 Milligramm je Liter

Ruhe vor dem Brennen

Etwa ein Drittel der gesamten Cidre-Produktion endet in den Brennblasen der Calvados-Destillerien. Dafür werden Jahr für Jahr 150 000 Tonnen Mostäpfel gebraucht. Insgesamt werden also jährlich rund 450 Millionen Kilogramm der unansehnlichen Früchte gekeltert.

Wer eine feine Zunge hat, schmeckt deutliche Unterschiede zwischen den einzelnen Cidre. Wohl läßt das Gesetz den Herstellern des Apfelweines die Wahl zwischen 48 Sorten, aber eine andere Vorschrift engt den Spielraum ein: Zum späteren Destillieren darf der Most nur aus den Äpfeln gewonnen werden, die in der Region wachsen, in der auch destilliert wird. Experimente mit der Mischung werden erschwert durch eine weitere Vorschrift, die besagt, daß die Äpfel nach örtlichem Brauch so gemischt werden müssen, daß ein für die jeweilige Region typischer Cidre entsteht.

Rechtlich wäre es möglich, den vollständig vergorenen Apfelwein sofort zu destillieren. Aber genau das wird kein qualitätsbewußter Brenner tun. Man wartet vielmehr mindestens einige Wochen, wenn nicht gar noch viel länger, ehe man den Wein in Schnaps verwandelt: Ein gelagerter Cidre entwickelt bei der Destillation feinere Aromastoffe, weil sich in der Ruhephase unerwünschte Esteröle verflüchtigen. Der Cidre für den Calvados *»Sélection E. Dupont«* z. B. wird erst nach insgesamt zwei Jahren gebrannt.

Zur Cidre- und damit zur Calvados-herstellung sind 48 Apfelsorten zugelassen. Die Früchte müssen aus dem Gebiet stammen, in dem Cidre gekeltert und Calvados destilliert wird und sortenweise so gemischt werden, daß ein regionstypischer Apfel-wein entsteht. Neben diesem ist zur Calvados-Erzeugung auch ein theoretisch unbegrenzter Anteil von Birnenwein, Poiré, erlaubt.

An der Spitze der Hierarchie: Calvados du Pays d'Auge

Wer Frankreichs Weine liebt oder die unvergleichlichen Rohmilchkäse, der kennt auch den Begriff »Appellation d'Origine Contrôlée«, abgekürzt AOC. Diese kontrollierten Ursprungsbezeichnungen sind in einem Gesetz vom 30. Juli 1935 festgehalten. Sie wurden geschaffen, um Spitzenprodukte vor Verfälschungen zu schützen und ihre Qualität zu sichern.

Neben den besten Weinen und Käsen dürfen sich auch die drei großen Spirituosen des Landes mit der AOC schmücken: Cognac, Armagnac und Calvados. Was in Frankreich sonst noch destilliert wird, trägt auf dem Etikett eine »Appellation Réglementée«, die quasi eine Vorstufe zur AOC ist.

Diese reglementierte Ursprungsbezeichnung ist nur scheinbar weniger wert als die kontrollierte. Tatsächlich sind die Vorgaben, die zur Verleihung der beiden »Appellations« führen, gleich streng. Sie unterscheiden sich lediglich in Details, schaffen aber in Wirklichkeit nicht etwa zwei unterschiedliche Qualitätsklassen. Allerdings hat das Wort »kontrolliert« in den Ohren vieler Verbraucher einen weitaus besseren Klang als das weniger zugkräftige »reglementiert«.

Herzstück des Produktionsgebietes

Als der Calvados außerhalb seines Herstellungsgebietes bekannt und von mehr und mehr Konsumenten als hochwertige Spezialität geschätzt wurde, war es auch an der Zeit, diese Spezialität nach außen hin aufzuwerten. Per Gesetz regelte man Herkunft, Herstellung und Reifung, sofern das nicht schon früher festgeschrieben worden war. Gleichzeitig erhielt Calvados erstmals eine kontrollierte Herkunftsbezeichnung, die höchste vom französischen Gesetz vorgesehene Qualitätsstufe.

Aber nur eines der elf per amtlicher Definition genau begrenzten Produktionsgebiete kam gleich in den Genuß der begehrten »Appellation d'Origine Contrôlée«: das *Pays d'Auge*. Die übrigen zehn Regionen mußten sich noch 42 Jahre lang mit der »Appellation Réglementée« begnügen, was dazu führte, daß die Brenner im Pays d'Auge ihre Produkte heute noch als die besten aller Calvados bezeichnen – sicherlich eine etwas zu pauschale Behauptung.

Die »Pays« genannten Regionen haben kommunalpolitisch keine Bedeutung, im Gegensatz zu Cantons (kleinste Verwaltungseinheiten), Arrondissements, Departements und Regions (größte Verwaltungseinheiten). Vielmehr sind die Pays regional gewachsene Landschaften, die sich sogar über die Grenzen verschiedener Departements erstrecken können.

Das Pays d'Auge ist geographisch fast der Mittelpunkt des Landstrichs, in dem Calvados und eau-de-vie de cidre erzeugt werden. Es bildet eine Art Dreieck, dessen Basis von Allenclles nach Fiquefleur reicht und dessen Spitze sich bei Gacé im Departement Orne befindet.

Auf der Karte sieht es aus wie ein grober Keil, der von der Kanalküste aus tief in die Normandie hineingeschlagen wurde. Im Westen grenzt es an das Ursprungsgebiet (nicht: Departement!) Le Calvados, im Osten an das Pays de la Risle. Im Süden stößt es an die beiden »Appellations Contrôlée« Le Pays du Merlerault und La Vallée de l'Orne.

Die gesetzlich festgelegten Produktionszonen für Calvados innerhalb des Pays d'Auge stimmen« exakt mit den Regionen überein, die für die ausgezeichnete Qualität ihrer Mostäpfel berühmt sind. Die Güte dieses Obstes hat entscheidend dazu beigetragen, daß dem Gebiet als erstem die »Appellation d'Origine Contrôlée« zuerkannt wurde.

Das Pays d'Auge ist für Calvados das, was die Grands Crus für die Weine und die Grande Champagne für die Cognacs sind: Garantie für hochwertige Produkte, deren Herkunft genau kontrolliert und damit unstrittig ist. Zudem sind die Anforderungen an einen *Calvados du Pays d'Auge* in vielen Punkten noch um einiges höher als die an die Calvados mit der »Appellation Calvados Contrôlée«, obwohl auch deren Werdegang schon sehr strengen Auflagen unterworfen ist. Als »König des Calvados« haben Jacques Billy und Christian Drouin daher in ihrem Buch »Le Grand Livre des Calvados« den aus dem Pays d'Auge bezeichnet und das mit einer Fülle von Reglementierungen zu seiner Herstellung begründet.

Welches Ansehen der Calvados aus dem Pays d'Auge hierzulande hat, kann man ermessen, wenn man allen importierten Calvados auf seine Herkunft untersucht: Knapp 50 Marken sind mit insgesamt rund 120 Qualitäten im Handel (Jahrgänge jeweils als eigene Qualität gerechnet). Davon trägt lediglich etwas mehr als ein Viertel die »Appellation Calvados Contrôlée«, der ganze Rest darf seine Etiketten mit der »Appellation Pays d'Auge Contrôlée« schmücken.

Manche tun das schon, indem sie die Herkunft gleich als Markennamen nehmen: »Calvados du Pays d'Auge«. Bei anderen Marken dagegen muß man schon suchen, weil sie die »Appellation« nur sehr klein auf dem Etikett vermerken. Die Ursprungsbezeichnung muß nicht unbedingt hinter dem Wort »Appellation« stehen. So gibt es Marken, auf deren Etikett »Appellation d'Origine Contrôlée« zu lesen ist und (manchmal sogar kleiner) darunter »produit et mise en bouteille en Pays d'Auge«. Das gilt natürlich ebenso als legitimer Herkunftsnachweis.

Cognac-Methode für Calvados

Der Calvados aus dem Pays d'Auge muß traditionell nach dem Charentaiser Brennverfahren hergestellt werden, nach derselben Methode also, mit der Cognac gebrannt wird. Das ist der gravierendste Unterschied zu den anderen Calvados, die zwar ebenfalls auf diese Art erzeugt werden dürften (erst seit 1972), in der Regel aber im kontinuierlichen Brennverfahren gewonnen werden.

Die nach der Cognac-Heimat Charente benannte Destilliermethode besteht aus zwei voneinander unabhängigen Phasen. Als Gerät ist einzig die kupferne Brennblase zugelassen, die im wesentlichen aus drei Elementen besteht:
▷ Einem Kessel, der auf einem Ziegelofen steht; er enthält den zur Destillation fertigen, vorgewärmten Cidre und kann zwischen 3 und 20 Hektoliter fassen.

Calvados du Pays d'Auge auf dem deutschen Markt

Marke	Qualitäten*	Importeur/Händler
Anée	1	Calvet & Co.
Baron de La Touque	2	Vinco-Import GmbH
Baron Randolph	2	Doornkaat AG
Bizouard	3	Louis Pistorius GmbH
Boulard	2	Martini & Rossi AG
Busnel	2	Deinhard/Epikur GmbH
Calvador	1	Chandon Handelsges. mbH
Clos de Mornière	1	Jacques' Weindepot
Coeur de Lion	10	DC Ges. f. Weinimporte
Dauphin	3	Eggers & Franke
Distillerie Houley	1	Alois Dallmayr
Domaine de Semainville	1	Alois Dallmayr
Domaine Dupont	3	Weinimport Rutishauser GmbH
Domaine Gonneville	1	Alois Dallmayr
du Pont Perce	3	Daniel Gallet
Fauchon	1	Feinkost Käfer
Fermier	4	Gaston Frottier & Fils GmbH
Fermier R. Oudin	1	Feinkost Käfer
Fermier Vieille Chaumière	1	Joh. Eggers Sohn & Co.
Gilbert	1	J. B. Sturm Markenimp. GmbH
La Traque	3	Euromarken Import GmbH
Layocourt	1	Feinkost Käfer
Lecompte	5	Wein Cabinet Jacques Biehl
Lecompte Sélectionné par Käfer	1	Feinkost Käfer
Legrande	3	Monopole Marken Import
Louis Dupont	4	Grand Cru Select
Marquis d'Aguesseau	2	D. V. Schlumberger KG
Montgommery	3	Gebr. Anraths
Morice	5	Hanseat. Weinhandelsges.
Noble Dame	1	5th Avenue Galerie
Père Magloire	2	Veuve Clicquot Import GmbH
Prince Robert	2	Frankhof-Kellerei GmbH
Réserve Franz Keller	3	Weingut Schwarzer Adler
Roger Groult	7	Uni-Handelsgesellsch. mbH
Sélection E. Dupont	3	Frankhof-Kellerei GmbH
Yves Pellerin	3	Brogsitter's

* Zahl der Altersstufen oder auch Jahrgänge, in der eine Marke angeboten wird.

In einem Obstgeschäft würden die kleinen knorrigen Äpfel aus der Normandie keinen guten Eindruck machen. Doch hinter ihrer schlichten Schale verbergen sie einen besonderen Charakter, der sie zur Calvados-Produktion geradezu prädestiniert.

*Insgesamt sind 48 Sorten zur Cidre-/Calvados-Produktion
zugelassen, wobei die Palette von sauren über
säuerlichen, bitteren, bittersüßen und süßen Arten
reicht. Die sauren und die bitteren Arten sind
jedoch in der Überzahl.*

▷ Einem Kopf, der ebenfalls aus Kupfer gefertigt ist; er dient einerseits dazu, den Durchlauf des Cidre-Schaumes zum Kühler zu verhindern, und andererseits leitet er die abgekühlten Dämpfe zum Kessel zurück.

▷ Einem Kühler, der aus einem großen, mit Wasser gefüllten Zylinder besteht; in diesem Kühler verlaufen Kupferschlangen von oben nach unten; beim Durchlaufen dieser Schlangen kühlen die Dämpfe ab.

Die Kunst des Trennens: Schon wichtig beim »Rauhbrannt«

Niedrigprozentiger Alkohol wird bereits durch die Gärung gewonnen. Bei diesem auch Fermentation genannten Vorgang verwandelt sich der natürliche Zuckergehalt eines Rohstoffes durch den Einfluß von Hefen (Mikroorganismen) in Alkohol und Kohlensäure.

Auf diese Weise entstehen Getränke mit einem vergleichsweise niedrigen Alkoholgehalt, z.B. Wein und Apfelwein. Will man daraus nun höherprozentige Spirituosen gewinnen, muß der Alkoholgehalt konzentriert werden. Das ist nur auf dem Wege der Destillation zu erreichen.

Das Destillieren oder Brennen basiert auf der einfachen Erkenntnis, daß Alkohol schon bei 78,3 Grad Celsius zu verdampfen beginnt, Wasser aber erst bei 100 Grad. Wird die Ausgangsflüssigkeit, im Falle des Calvados also der Cidre, erhitzt, ist der erste Dampf, der aufsteigt, Alkoholdampf. Der zieht durch ein geschwungenes, einem Schwanenhals ähnliches Rohr (daher auch »col de cygne« = Schwanenhals genannt) in den Kühler, wo er in den durch kaltes Wasser laufenden, schlangenförmigen Kupferrohren (»serpentins«) abkühlt und wieder verflüssigt wird.

In jeder Phase des Erhitzens verdampfen auch Stoffe, die teils erwünscht, teils unerwünscht sind. Nicht nur Alkohol und Wasser werden zu Dampf, sondern alle verschiedenen Bestandteile des Apfel- und des Birnenweines. Die Kunst des Destillateurs besteht darin, Erwünschtes zu erhalten und Unerwünschtes abzutrennen.

In der ersten Phase der Destillation ist der Siedegrad des Äthylalkohols (ein anderes Wort für Trinkalkohol) noch nicht erreicht. Zu diesem Zeitpunkt verdampfen die flüchtigsten Substanzen wie Methylalkohol, Essigsäureäthylester und das essigsaure Aldehyd. Diese Stoffe würden einen Brand nur negativ beeinflussen.

Weniger flüchtige Stoffe wie das berüchtigte Fusel- oder Amylöl verdampfen dagegen erst bei Temperaturen über 100 Grad Celsius. Sie sind reich an Verunreinigungen und müssen daher unbedingt entfernt werden.

Es liegt am Geschick des Brenners, ob der Mittellauf, das »Herz« des Destillates, so rein wie möglich ausfällt. Beim ersten Brennvorgang, in der Fachsprache »Durchlauf« genannt, erhält man den sogenannten Rauhbrannt, französisch »brouillis« oder »petit eau«. Dieses »kleine Wasser« mit einem Alkoholgehalt von rund 25 Volumenprozent hat normalerweise noch geschmackliche Schärfen und durch Fuselöle bedingte Unreinheiten, die besonders zu Beginn und am Ende des Brennvorganges auftreten.

Wohl weist das erste Destillat jetzt schon die erforderlichen Qualitätsmerkmale eines Calvados auf, doch wäre mit diesem Ergebnis, vom niedrigen Alkoholgehalt einmal ganz abgesehen, niemand zufrieden.

Selbst bei sorgfältigem Destillieren nehmen die Dämpfe auch Stoffe mit, die Geruch und Geschmack der späteren Spirituose beeinträchtigen würden. Die Rektifikation gibt den Brennern die Möglichkeit, den Alkohol noch weiter zu reinigen. Mit diesem Fachausdruck ist nichts anderes gemeint als eine unterteilte, wiederholte Destillation. Dabei lassen sich dann unerwünschte Stoffe nahezu vollständig abtrennen.

Einige Monate Ruhezeit vor der Hauptdestillation

Zu häufiges Destillieren ließe einen Alkohol entstehen, der in nichts mehr an das Ausgangsprodukt Cidre erinnern würde. Man beläßt es im Pays d'Auge folglich beim zweimaligen Füllen der kupfernen Brennblasen, die hier *Alambics* genannt werden: Die zweifache Destillation ist das Hauptmerkmal des Calvados aus dem Pays d'Auge.

Man darf sich das aber nun nicht so vorstellen, daß der Rauhbrannt umgehend wieder in die zwiebelförmigen Alambics zurückgegossen und sofort erneut destilliert wird. Die Meister der Brennblasen haben nämlich festgestellt, daß dem »petit eau« eine Ruhezeit vor der nächsten Destillation äußerst gut bekommt. Das noch etwas derbe Destillat wird also für einige Monate eingelagert.

Man benutzt dazu Fässer aus Eichen- oder Kastanienholz, die genügend Luftzufuhr gewährleisten. In diesem »Zwischenlager« macht der Rauhbrannt eine Art Kurzzeitreifung durch. Dabei verflüchtigen sich auch schon einige der Stoffe, die sich negativ auf die Qualität des späteren Calvados auswirken könnten. Aber eben nur einige.

So rein, wie Brennmeister und Calvadostrinker es wollen, wird das Destillat erst im zweiten Durchlauf, in der Hauptdestillation. Dabei kommt es vor allem darauf an, den sogenannten Vorlauf (»tête« = Kopf) ebenso abzutrennen wie den berüchtigten Nachlauf (»queue« = Schwanz). Je sorgfältiger dies geschieht, desto reiner wird der Mittellauf, in Frankreich »coeur du chauffe« genannt. Denn nur auf diesen relativ kleinen Teil des Destillates kommt es überhaupt an, nur dieser hat den strengen Vorschriften zufolge überhaupt das Recht, zu Calvados ausgebaut zu werden. Denn noch ist das, was jetzt zum zweiten Mal aus dem Alambic geflossen ist, kein Calvados. »Bonne chauffe« heißt das Ergebnis der zweiten Destillation bei den Brennmeistern. Es hat zwischen 68 und 72 Volumenprozent Alkohol, ist farblos und noch sehr beißend im Geschmack – zumindest für einen Laien.

Calvados aus dem Pays d'Auge gilt als die Elite unter den Bränden aus Cidre. Diese Region bekam als erste die »Appellation d'Origine Contrôlée« zuerkannt. Die Vorschriften zur Herstellung von Pays-d'Auge-Calvados sind am strengsten. Eine zweifache Destillation nach der Cognac-Brennmethode ist vorgeschrieben. Zwischen den beiden Brennphasen ruht der Rauhbrannt einige Monate. Zu Calvados darf nur der Mittellauf (Herzstück) aus der zweiten Destillation ausgebaut werden.

Vieles blüht im verborgenen: Die »Appellation Calvados Contrôlée«

Mit der 1942 verliehenen »Appellation d'Origine Contrôlée« wurde der Calvados aus dem Pays d'Auge in den Augen von Brennern und Kennern geadelt. Die Aufwertung der Brände aus dem Pays d'Auge hat ohne Zweifel allem Calvados als Sprungbrett zum Markenprodukt gedient. Dennoch: Mit jenem Gesetz wurden praktisch drei Klassen von Cidre-Bränden (der Anteil an »poiré« soll hier einmal außen vor bleiben) geschaffen:

▷ Calvados aus dem Pays d'Auge als Spitzenprodukt, dem als einzigem eine kontrollierte Ursprungsbezeichnung zugestanden wurde.

▷ Calvados aus zehn weiteren, gesetzlich ebenfalls genau definierten Regionen mit einer reglementierten Ursprungsbezeichnung (»Appellation Réglementée«) und

▷ Eau-de-vie de cidre aus der Normandie (außerhalb der definierten Calvados-Gebiete), der Bretagne und Maine, die sich gleichfalls mit einer reglementierten Ursprungsbezeichnung schmücken konnten.

Eine jüngere Gesetzgebung hat jedoch den Kreis der »Appellation-d'Origine-Contrôlée« Berechtigten inzwischen erheblich ausgeweitet.

Späte Aufwertung der Pays-d'Auge-Brüder

In den Augen möglicher Käufer mußten die Calvados mit der »Appellation Réglementée« lange Zeit zwangsläufig weniger gut erscheinen als die aus dem Pays d'Auge: »Kontrolliert« klingt allemal nach mehr Überwachung der Herstellung, signalisiert sorgfältigere Arbeit und damit bessere Qualität. Das Wort »reglementiert« ist dagegen weit weniger zugkräftig, obgleich die französischen Vorschriften zur Spirituosenherstellung schon auf dieser Stufe strenge Maßstäbe anlegen.

Die Folge von zweierlei »Appellations« war, daß die Absätze der Brennereien im Pays d'Auge ungleich schneller stiegen als die der außerhalb dieser Region gelegenen. Das Gesetz hatte dem »kontrollierten« Calvados einen gewaltigen Vorsprung im Markt verschafft, die »reglementierten« mußten zwangsläufig hinterherhinken – von den eaux-de-vie de cidre, die noch nicht einmal mit dem Markenzeichen »Calvados« winken konnten, ganz zu schweigen.

Das führte so weit, daß auch Destillerien, die außerhalb des Pays d'Auge ihren Sitz hatten, Produktionsstätten in diesem Contrôlée-Gebiet errichteten oder dort zumindest im Auftrag destillieren ließen und die Produkte dann unter ihrem Namen vermarkteten.

Der Rettungsanker kam in Form eines Gesetzes vom 11. September 1984, das die bisherige »Appellation Réglementée« in eine »Appellation Calvados Contrôlée« umwandelte und mit dem auch die Produktionsgebiete neu definiert wurden.

Bei näherer Betrachtung der Definitionen zur »Appellation Calvados Contrôlée« fällt auf, daß sich die Vergabe der einzelnen Ursprungsbezeichnungen nicht nach den gesetzlichen Grenzen von Departements, Arrondissements oder Cantons richtet. Die Brenntradition und der Charakter der einzelnen Cidre sind allein maßgeblich für die keineswegs willkürliche Einteilung in zehn verschiedene »Appellations«.

Kaum genaue Ursprungsbezeichnungen auf Flaschenetikett

»Calvados Contrôlée« ist lediglich ein Oberbegriff. Genaugenommen sollten die Hersteller daher auf ihren Etiketten zwischen diesen beiden Worten eigentlich angeben, wessen Kind ihr Brand ist, aus welchem der zehn begrenzten Gebiete er stammt.

Das freilich tut kaum einer. Nahezu alle Hersteller begnügen sich mit der wenig informativen Angabe »Appellation Calvados Contrôlée« und lassen den Käufer damit im unklaren darüber, ob das Produkt nun im Pays de la Risle, im Cotentin oder anderswo destilliert wurde.

Auskunft kann nur ein näheres Studium des Etiketts geben. Ist dort der Ort der Destillation angegeben, kann der Interessierte daraus auf die (genaue) »Appellation« schließen. Doch das ist leider auch nicht immer der Fall. Häufig fehlt diese Angabe, oft ist auch der (Verwaltungs-) Sitz des Unternehmens auf das Etikett gedruckt, der aber nicht identisch ist mit dem Standort der Brennerei. Und nur der Ort, an dem gebrannt wird, ist ausschlaggebend für die Erteilung der Ursprungsbezeichnung.

So bleiben viele Etiketten dem Calvados-Freund auch weiterhin ein Rätsel, weil Hersteller wie Michel Huard (»Calvados A.C.C. Origine Domfrontais«) die Ausnahme sind.

Man sollte sich nicht weiter daran stören, daß auf manchen Etiketten immer noch die »Appellation Calvados Réglementée« angegeben ist anstelle der nun schon seit Jahren gültigen »Appellation Calvados Contrôlée«: So mancher Hersteller will aufs Gewohnte eben nicht so schnell verzichten, und möglicherweise haben einige sparsame Produzenten auch noch Stapel von alten Etiketten im Keller liegen, die erst aufgebraucht werden müssen, ehe neue mit der heute gültigen Ursprungsbezeichnung gedruckt werden.

Importeure und Händler halten sich beim Schreiben ihrer Preislisten in der Regel an das, was auf der Flasche steht. So kommt es, daß immer noch »Réglementées« gehandelt werden. Auch Flaschen mit einem Inhalt aus der Vor-»Contrôlée«-Zeit tragen noch Etiketten mit der alten Bezeichnung.

Destillation nach dem Armagnac-Verfahren

Als ihren Produkten ebenfalls die »Appellation Contrôlée« zuerkannt wurde, waren die Destillateure außerhalb des Pays d'Auge ähnlich strikten Produktionsbedingungen unterworfen wie ihre Kollegen in der ersten »Contrôlée«-Region. Die Vorschriften befassen sich ebenso mit der Wahl der vorgeschriebenen Apfelsorten (die im Pays d'Auge allerdings von besserer Qualität sind), mit der Beschaffenheit des Cidre und des »poiré«, mit der Destillation selbst.

In Details unterscheiden sich die Bedingungen für die beiden Calvados-Lager; allgemein gesehen ist es aber nicht übertrieben, zu behaupten, auch Calvados der »Appellation Calvados Contrôlée« sei ein bis ins kleinste geregeltes Produkt. Einige Marken fallen freilich aus der Rolle:

Was als »Calvados fermier«, Calvados bäuerlicher Herkunft also, gehandelt werden soll, unterliegt den Produktionsbedingungen, die im Pays d'Auge gelten – gleich, in welchem Ursprungsgebiet dieser Bauerncalvados erzeugt wird.

Seit 1972 ist es auch den Brennern außerhalb des Pays d'Auge erlaubt, Calvados nach der Cognac-Methode zu produzieren. Aber nur ganz wenige machen bislang von dieser Möglichkeit Gebrauch, so daß die immer wieder zu lesende Aussage, »dort« werde nach dem Cognac-, »hier« nach dem Armagnac-Verfahren destilliert, im Grunde richtig, wenn auch etwas zu verallgemeinernd ist.

Daß die Destillateure in den zehn Ursprungsgebieten überwiegend an der Armagnac-Methode festhalten, hat wahrscheinlich mit Traditionsbewußtsein zu tun. Sicher spielt aber auch wirtschaftliches Denken eine Rolle. Denn dieses kontinuierliche Brennverfahren ist weniger umständlich, billiger und ergiebiger als das im Pays d'Auge praktizierte diskontinuierliche, bei dem die Brennblase für jeden einzelnen Durchlauf gereinigt und neu gefüllt werden muß.

Der Ergiebigkeit hat der Gesetzgeber allerdings Grenzen gesetzt. Weil nicht Masse statt Klasse aus dem Hahn laufen soll, ist der Einsatz des Kolonnen-Alambics mit der Bedingung verknüpft, daß der Ausstoß 250 Hektoliter in 24 Stunden nicht überschreitet.

Und damit auch bei diesem zeitsparenden Verfahren die Güte des Destillates nicht auf der Strecke bleibt, muß jede dieser Brennsäulen mit einer fest montierten Vorrichtung ausgestattet sein, die es erlaubt, Vor- und Nachlauf vom Herz des Destillates abzutrennen.

Die Ansichten gehen auseinander bei der Frage, welche Methode zum besseren Calvados führt. Tatsache ist, daß es hier wie dort guten und weniger guten Calvados gibt.

*Calvados mit der »Appellation Calvados Contrôlée«
auf dem deutschen Markt*

Marke	Qualitäten*	Importeur/Händler
Anée	2	Calvet & Co. GmbH
Baron de La Touque	1	Vinco-Import GmbH
Boulard	1	Martini & Rossi AG
Busnel	1	Deinhard/Epikur GmbH
Clos Minotte	1	Max Piehl
du Bocage Rèserve	1	Jacques' Weindepot
Ducs de Normandie	1	Alois Dallmayr
Gilbert	1	J. B. Sturm Markenimport
Jules Pommier	1	D. V. Schlumberger KG
Michel Huard	6	Bremer Weinkolleg
Morin	2	Charles Hosie GmbH
Nicolas Napoléon	2	Rolf Herzberger KG
Pâpidoux	2	Borco-Marken-Import
Père Magloire	1	Veuve Clicquot Import GmbH
Pomme d'Adam	1	Alois Dallmayr
Prince Robert	1	Frankhof-Kellerei GmbH
Rollon	3	France Vinicole
St. Charles	3	Poullig KG

* Zahl der Altersstufen oder auch Jahrgänge, in der eine Marke angeboten wird.

Der »Alambic armagnacais«, in der Normandie auch als »Alambic à colonne« bezeichnet, besteht aus zwei Türmen oder Säulen, weshalb in Deutschland auch die Bezeichnung »Säulendestillation« gebräuchlich ist. Die Anlagen sind aus Kupfer gefertigt, weil dieses Metall resistent ist gegen alle Wirkstoffe sowohl im Cidre als auch im Destillat.

Der auf Raumtemperatur gebrachte Cidre wird in einen Zulauf gefüllt und steigt durch Eigendruck in der ersten der beiden Säulen, dem Vorwärmer, nach oben. Diesen zylindrischen Behälter durchläuft ein spiralförmiges Rohr, in dem die Alkoholdämpfe abgekühlt werden. Der Vorwärmer hat also eine Doppelfunktion: Die Dämpfe kondensieren und treten als Destillat aus, nachdem sie beim Abkühlen den Cidre auf die nötige Temperatur gebracht haben.

Von dieser Säule aus läuft der auf etwa 80 Grad Celsius erwärmte Cidre durch ein Rohr von oben in die zweite Säule, die etwas breiter ist als der Vorwärmer. Hier fließt er über waagrecht angebrachte, durchlöcherte Platten bis hinunter auf den Verdampfer, wo Temperaturen bis 110 Grad herrschen.

Auf dem Weg von Platte zu Platte verdampft schon der größte Teil des Alkohols, des Wassers und der flüchtigen Cidre-Bestandteile. Im Gegenstrom steigen die Dämpfe durch die perforierten Platten nach oben. Dasselbe geschieht mit den Dämpfen, die sich erst unmittelbar auf dem Verdampfer gebildet haben.

Während der verdampfte Cidre nach oben steigt, nimmt er aus dem stets nachströmenden, noch flüssigen Cidre Duft- und Geschmacksstoffe auf. Auf diese Weise wird das Destillat ständig mit eigenen Aromen angereichert.

Das Destillat entweicht in Form von Dampf durch das

oben über beide Säulen laufende »Geistrohr« in die Kühl-
schlange des Vorwärmers, wo es kondensiert und gleichzeitig den neu zugeführten Cidre erwärmt. An der Untersei-
te dieser Säule tritt das von Vor- und Nachlauf befreite
Destillat aus und wird in Fässer gefüllt.

Wie das im Charentaiser Verfahren gewonnene ist auch
dieses Destillat von einem trinkbaren Calvados noch weit
entfernt. Sein hoher Alkoholgehalt wird durch die Lagerzeit auf natürliche Weise etwas gemindert und später durch
den Zusatz von reinstem Trinkwasser vollends auf das
rechte Maß gebracht.

*Neben dem Pays d'Auge gibt es zehn weitere
Regionen, in denen Calvados erzeugt
werden darf. Bis 1984 trugen diese Brände eine
»Appellation Calvados Réglementée«, seither dürfen
sie ebenfalls auf eine kontrollierte Ursprungsbezeichnung stolz sein. Aus dieser »Appellation
Calvados Contrôlée« läßt sich aber nur selten
ablesen, aus welcher Region die jeweilige Marke
stammt. Im Gegensatz zum Pays-d'Auge-Calvados
wird der in den anderen Regionen üblicherweise
im kontinuierlichen Brennverfahren gewonnen.*

Reifung und Vermählung – ein Brand wird zu Calvados

Es genügt nun nicht, ein frisches Destillat in irgendein Behältnis abzufüllen, dieses in eine Ecke zu stellen und dann einfach abzuwarten. Der Unterschied zwischen Lager- und Reifezeit besteht in einer Vielzahl von Faktoren, die gemeinsam positiv auf die Qualität einer Spirituose einwirken. Wenn die Voraussetzungen für das Reifen nicht optimal sind, war die Arbeit der Destillateure vergebens.

Was geschieht im Keller mit dem angehenden Calvados? Er ruht in Fässern, bevorzugt in solchen aus dem Holz der Limousin-Eiche. Diese Holzart läßt keinen Tropfen Flüssigkeit durch, ist aber so beschaffen, daß ein ausreichender Sauerstoffkontakt gewährleistet ist.

Durch das poröse Holz verdunsten flüchtige Stoffe, die Geschmack und Geruch des Calvados beeinträchtigen würden. Als Folge der Verdunstung werden die guten Elemente des Destillates konzentriert.

Doch nicht nur die Luft beeinflußt den Reifeprozeß. Aus dem Holz des Fasses versorgt sich das Destillat mit bereichernden Substanzen, darunter die so wichtige Gerbsäure. Diese Stoffe, die sich im Laufe eines Jahrzehnts durchaus

zu 100 oder mehr Gramm je Hektoliter summieren können, sorgen für Bukett und Geschmack.

Faß und Faß ist noch lange nicht dasselbe. Logischer-
weise gibt ein neues Faß sehr viel Substanzen ab, ein altes
fast keine mehr. Wie immer im Leben würde ein Zuviel an
Gutem dem Calvados mehr schaden als nutzen. Deswegen
wird nach einer gewissen Zeit das junge Destillat wieder in
andere Fässer umgefüllt. Eine allgemeingültige Methode
dafür gibt es allerdings nicht.

Kleine Fässer – großer Calvados

Neben der Holzart und dem Alter des Fasses spielt auch
dessen Größe eine wichtige Rolle im Reifeprozeß des
Calvados. Grundsätzlich kann man davon ausgehen, daß
der Inhalt um so besser altert, je kleiner das Faß ist. Das ist
erklärbar: In einem kleinen Faß kommt verhältnismäßig
viel Inhalt mit Holz und Luft in Berührung, in größeren
jeweils weniger.

Qualitätsbewußte Calvados-Hersteller gönnen ihren Er-
zeugnissen zumindest in den ersten Jahren eine Reifezeit
in weniger voluminösen Behältnissen. 200 bis 600 Liter
fassen z.B. die Fässer, in denen *»Marquis d'Aguesseau«*
reift. Calvados *»Père Magloire«* verbringt die ersten Ent-
wicklungsjahre in (zumeist neuen) Eichenfässern mit 250
bis 600 Liter Fassungsvermögen, ehe er in solche mit 1000
bis 10 000 Liter Kapazität umgefüllt wird. Die Mehrheit des
Calvados wird allerdings direkt nach Verlassen der Brennblase in Fässer mit 1000 und mehr Liter Fassungsvermögen,
»foudres« genannt, abgefüllt.

Schliff im Reifekeller

Die ideale Reifetemperatur für den jungen Calvados liegt zwischen 12 und 14 Grad Celsius. Starke Abweichungen oder ständige Schwankungen wären pures Gift für die Entwicklung der Destillate. Die Reifekeller sind daher so angelegt, daß sommers wie winters ein gleichbleibendes Klima herrscht.

Ideale Bedingungen hat das Haus Morin in Ivny-la-Bataille: Der Hersteller des Calvados *»Morin«* verfügt unterhalb der Thélème-Abtei an seinem Standort, 80 Kilometer westlich von Paris, über einen natürlichen, tiefgelegenen, 500 Meter langen Felsenkeller. Hier herrscht eine konstante Temperatur von genau 12 Grad Celsius. Das bekommt dem Produkt ausgesprochen gut: In der Schweiz ist dieser Calvados die Nummer 1.

Die größten Lagerstätten dürfte die Brennerei Debrise-Dulac haben, die heute zu dem Champagner-Unternehmen Veuve Clicquot Ponsardin gehört: Die drei Reifekeller beanspruchen eine Fläche von 5000 Quadratmetern für sich; das ist etwa die Größe eines Fußballfeldes. Die Erzeuger von *»Père Magloire«* könnten darauf drei Millionen Liter reinen Alkohols reifen lassen; umgerechnet wären das 10,7 Millionen 0,7-Liter-Flaschen Calvados mit einem Alkoholgehalt von 40 Volumenprozent. Üblicherweise reifen dort aber »nur« 13 000 Hektoliter, gemessen in reinem Alkohol. Das entspricht immerhin 4,7 Millionen Flaschen des fertigen Produktes oder rund 10 Prozent der Bestände des gesamten Handels.

Wer die Lagerbestände an Calvados *»Roger Groult«* besichtigen wollte, müßte sich schon in mehrere Keller bemühen. Die nach wie vor handwerklich arbeitende Familie (Distillerie artisanale) erzeugt seit vier Generationen Calvados – und jede Generation hat ihre eigenen Reifekeller angelegt: Cave Pierre Groult, Cave Léon Groult usw.

Ein gutes Reifelager zahlt sich aus. Ausreichende Bestände an alten Destillaten sichern die Qualität der laufenden und der späteren Produktionen. Und sie bringen Ruhm: So konnte z.B. die Distillerie La Sacen, bekannt durch den Calvados »*Gilbert*« und als Tochterunternehmen der Domaine du Chillot Eigentum der deutschen Asbach-Gruppe, schon dreimal den »Großen Ehrenpreis des Präsidenten der Republik« für die besten Calvados-Bestände entgegennehmen.

Viele Möglichkeiten, den Reifeprozeß des Destillates zu beeinflussen, haben die Kellermeister nicht. Mit der Wahl der geeigneten Fässer und der ständigen Überwachung der Bestände sind ihre Möglichkeiten im Grunde erschöpft. Aber jeder von ihnen schwört auf seine Methoden, die zur Qualitätsverbesserung beitragen sollen. Das sind nur kleine, erlaubte Eingriffe, die aber Wirkung zeigen.

Bei Etienne Dupont, dem Hersteller des Calvados »*Prince Robert*«, wird das Destillat jedes Jahr umgefüllt: Einmal reift es in Fässern, die zuvor Apfelwein, einmal in solchen, die zuvor Calvados beherbergt hatten. Doch wird diesem Produkt bis zu seinem 15. Jahr noch eine weitere Sonderbehandlung zuteil: Jeweils im Frühjahr und im Herbst wird der Calvados vom Faß in offene Gefäße umgefüllt und im Freien der Sonne ausgesetzt. Das erhöht zwar den Verdunstungsgrad beträchtlich, führt aber – wie der Hersteller versichert – dank der Anreicherung mit Sauerstoff zu einer spürbaren Verbesserung der Qualität.

Wer auf wirklich alten Calvados Wert legt, orientiert sich am besten an den mit einer genauen Altersangabe versehenen Marken.

*Der Calvados lagert bevorzugt in Fässern aus Limousin-Eiche.
Neben der Holzart und dem Alter des Fasses spielt
auch dessen Größe eine wichtige Rolle im Reifeprozeß.
Grundsätzlich gilt die Regel, daß der Inhalt um so
besser altert, je kleiner das Faß ist.*

Jahrgangs-Calvados ist vergleichsweise selten und immer nur in limitierten Mengen zu haben, was vor allem damit zusammenhängt, daß der Erzeuger über eine genügend große Anzahl an unterschiedlichen Branntweinen aus dem betreffenden Jahr verfügen muß.

»Alterskonten« für Calvados

Die Mindestlagerzeiten sind vom Gesetzgeber vorgeschrieben. Hersteller von Rang lassen ihre Destillate allerdings oft weitaus länger als die Minimalzeit reifen. Ähnlich wie Cognac wird auch Calvados vom Austritt aus der Brennblase an peinlich genau registriert, Liter für Liter, Jahr für Jahr. Bis zum Abfüllen reicht die Überwachung meist allerdings nicht: Die Aufsicht endet, wenn der Calvados das »Alterskonto« 5 verlassen hat. Eine weitere Lagerung wird von offizieller Seite nicht mehr zur Kenntnis genommen.

Vergleichbare »Alterskonten« werden auch für Armagnac und Cognac geführt. Die des Calvados überwacht das Bureau National Interprofessionnel des Calvados (B.N.I.C.). Das Prinzip dieser »Alterskonten« ist nicht auf Anhieb zu verstehen und soll deshalb näher erläutert werden.

Stichtag für den Eintritt in ein Alterskonto ist jeweils der 1. Oktober. Bevor ein Calvados diese Leiter zur offiziellen Reife aber überhaupt erklimmen darf, muß er einer Expertenkommission zur Probe vorgestellt werden. Hat die nichts zu bemängeln, rückt der Brand am 1. Oktober des ersten Jahres nach seiner Destillation vom »Wartekonto« 00 in das Konto 0 auf. Wenn also im Dezember 1988 destilliert wurde, bleibt der künftige Calvados bis 1. Oktober 1989 im Konto 00. Ab 2. Oktober 1989 führt ihn das B.N.I.C. genau ein Jahr lang im Compte (= Konto) 0, danach im Compte 1 usw. Die Zeit von der Destillation bis zum folgenden 1. Oktober altert der Calvados also nach offizieller Lesart nicht: Seine Jahre werden erst ab Erreichen des Alterskontos 0 gezählt, auch wenn er im Wartekonto 00 schon Monate verbrachte.

Die Calvados-Altersklassen und ihre Bezeichnungen*

Alterskonto	Tatsächliches Alter	Zugelassene Bezeichnungen auf dem Etikett
Compte 00	Destillationsjahr	(nicht im Handel)
Compte 0	0–12 Monate	(nicht im Handel)
Compte 1	12–24 Monate	Siehe Anmerkung
Compte 2	2– 3 Jahre	3 Sterne oder Äpfel
Compte 3	3– 4 Jahre	»Vieux« oder »Réserve«
Compte 4	4– 5 Jahre	»V. O.« oder »Vieille Réserve«
Compte 5	5– 6 Jahre	»V.S.O.P.«
Danach:		»Extra«, »Napoléon«, »Hors d'Age« oder »Age inconnu«

* Quelle: »Le Grand Livre des Calvados«; Calvados des Compte 1 wird in der Regel noch nicht gehandelt, da der Gesetzgeber eine Mindestfaßlagerung von zwei Jahren vorgeschrieben hat, ehe Calvados verkauft werden darf. Sollte er dieses Alter schon im Compte 1 erreicht haben, darf auf dem Etikett keine der für die anderen Reifestufen reservierten Bezeichnungen aufgeführt sein.

Nur der Jüngste zählt

Es wäre falsch, von den Angaben »Vieux« oder »Réserve« auf dem Etikett zu folgern, der Flascheninhalt sei maximal vier Jahre alt. Theoretisch ist das wohl möglich, in der Praxis aber kaum einmal der Fall. Denn die Vorschriften besagen, daß sich jeder Altershinweis immer nach dem jüngsten in einem Calvados befindlichen Destillat richten muß.

Die meisten Spitzenspirituosen sind »Blends«, d.h. Mischungen aus Destillaten verschiedener Jahrgänge und unterschiedlicher Grundstoffe. Kein Cidre fällt wie der andere aus: Der Reifegrad und der Erntezustand der Äpfel spielen dabei eine wichtige Rolle, die Lage, in der die Früchte gewachsen sind, der Verlauf der Gärung.

Diese Faktoren beeinflussen schon innerhalb eines Jahres den Rohstoff Cidre. Noch gravierender fallen die Unterschiede aus, wenn man die Apfelweine verschiedener Jahre miteinander vergleicht. Folglich entspricht auch kein Destillat dem anderen.

Der Verbraucher will aber einen Calvados, der Jahr für Jahr den gleichen Geschmack, den gleichen Geruch, dasselbe Aroma hat. Zu diesem Ergebnis kommen die Hersteller nur, wenn sie verschiedene Brände, die getrennt lagern und reifen, miteinander vermischen, »blenden«, wie das in der Fachsprache heißt. Die Kellermeister in Frankreich bezeichnen diesen Teil der Produktion auch gerne als »mariage«, als Vermählung der einzelnen Destillate zu einem harmonischen Ganzen, das immer die typische Note der Marke trägt.

Zu langes Reifen schadet

Die alten Brände geben der Spirituose den Reifeton, während die jungen für das typische Apfelbukett sorgen. Eine sehr lange Reifezeit hat nämlich auch einen gewichtigen Nachteil für die Entwicklung: Je nachdem, welcher Cidre wie sorgfältig gebrannt wurde und wie er sich anschließend beim Reifen entwickeln konnte, ist das Destillat früher oder später auf dem Höhepunkt. Liegt es länger im Faß, verlieren sich Apfelgeschmack und -geruch. Das Ergebnis überlanger Reifezeit schmeckt im schlimmsten Fall nur noch nach Holz und Sprit.

Hilfe bringen die jüngeren Destillate. Sie geben der Mischung das typische Aroma zurück, das den Calvados-Liebhaber zu dieser statt zu einer anderen Spirituose greifen läßt. Was dem Endprodukt nützt, schadet dem Umsatz: Weil der Anteil an jüngstem Destillat – und sei er noch so gering – maßgeblich ist für die Etikettierung, drückt jeder Zusatz auch den Preis: Ein »Vieux« läßt sich nun einmal teurer verkaufen als ein Calvados, dessen Etikett »nur« drei Äpfel oder drei Sterne zieren.

Die Angabe eines Durchschnittsalters wäre eine Lösung, aber die hat der Gesetzgeber ausdrücklich untersagt. Der Hersteller kann nur mit den zugelassenen Angaben wie »Réserve«, »V.S.O.P.«, »Hors d'Age« usw. ungefähr auf die Reifezeit seines Calvados hinweisen.

Kritisch zu lesen: Etiketten

Über wirklich alten Calvados sagen diese Bezeichnungen allerdings wenig, eigentlich gar nichts aus. Seriöse Hersteller kritisieren die legale Etikettenpraxis schon seit langem, zu Recht, wie man nach einigem Überlegen zugeben muß.

Während die erlaubten Bezeichnungen für Calvados der offiziellen 5 »Alterskonten« noch sinnvoll sind, weil sie auf klaren Fundamenten stehen, kann man die übrigen zugelassenen Angaben nur als Farce ansehen.

Ein Calvados, der das Compte 5 hinter sich hat, ist (wenigstens) zwischen fünf und sechs Jahre alt. Ein Erzeuger, der z. B. nur sechs-, vielleicht auch noch siebenjährige Brände in die Flasche füllt, darf mit Erlaubnis der Obrigkeit schon »Age inconnu«, d. h. »Alter unbekannt«, aufs Etikett schreiben. Mehr darf auch der nicht angeben, dessen Calvados tatsächlich aus 10-, 20- oder gar 30jährigen Bränden besteht. Da wird die Haltung renommierter Hersteller verständlich, die angesichts der inflationären Bezeichnungen lieber ganz auf jeglichen Altershinweis verzichten. Sie können sich darauf verlassen, daß die Verbraucher ihre Marke schätzen, auch wenn via Etikett kein »unbekanntes Alter« oder eine »Extra«-Qualität signalisiert wird.

Selten findet man einmal einen Erzeuger, der über die Zusammensetzung seines Calvados zumindest annähernd Auskunft gibt. Die zugelassenen Bezeichnungen sagen schließlich nichts über das Durchschnittsalter aus. Näheres gibt der Hersteller des Calvados *du Bocage Réserve«* bekannt: Der Blend dieser Marke besteht zu 70 Prozent aus drei- und zu je 15 Prozent aus vier- und fünfjährigen Bränden. Mit solchen Informationen ist dem Verbraucher mehr gedient als mit obskuren »Age-inconnu«-Etiketten.

*N*ach dem Verlassen der Brennblase hat das wasserklare Destillat mit einem Calvados noch wenig Ähnlichkeit. Erst die Reifezeit im Faß macht aus dem noch derben Branntwein das Endprodukt. Durch die Einwirkung von Sauerstoff verflüchtigen sich unerwünschte Stoffe, erwünschte werden konzentriert. Über die Reifestadien der Destillate wird genau Buch geführt. Um den endgültigen Calvados zu erhalten, mischt der Kellermeister verschiedene Destillate zu einem markentypischen Verschnitt. Der Hinweis auf das Alter bezieht sich immer auf das jüngste im jeweiligen Calvados enthaltene Destillat.

Die Standardqualitäten:
Drei Äpfel
sind ein Anfang

Wenn der Kellermeister seine verschiedenen Destillate zur endgültigen Mischung zusammengestellt hat, ist der Calvados eigentlich fertig zum Verkauf. In manchen Häusern werden die Blends noch für einige Wochen oder gar Monate wieder ins Faß zurückgegeben, ehe abgefüllt wird. Auf diese Weise können sich die verschiedenen Brände besser miteinander verbinden – der Calvados wird harmonischer.

Sobald der Blend aus verschiedenen und unterschiedlich lang gelagerten Cidre-Destillaten in der Flasche ist, wird der Reifeprozeß gestoppt. Das unterscheidet alle Spirituosen von den Weinen: Der Rebensaft »lebt« in der Flasche weiter, die Spirituose hat den Endzustand erreicht.

Ein wichtiger Schritt ist allerdings noch zu tun, damit die Spirituose trinkfertig wird. Nach den Vorschriften muß ein Calvados mindestens 40 Prozent Alkoholgehalt haben, mehr als 45 Prozent darf er nicht aufweisen. Die sogenannte Trinkstärke wird erreicht, indem man das (fast) fertige Erzeugnis, dessen Einzeldestillate während des Reifeprozesses ohnehin an Alkoholgehalt verloren haben, mit reinem Wasser auf die gewünschte Stärke verdünnt.

Eine 40-Prozent-Mehrheit

Wie (alkohol)stark ein Calvados ausfällt, liegt einzig und allein im Ermessen des Kellermeisters. Das Herabsetzen auf »Trinkstärke« ist keineswegs ein willkürlicher Akt, sondern es hängt davon ab, mit wieviel Prozent die Feinheiten eines Calvados am besten zur Geltung kommen. Ein Prozent mehr oder weniger kann sich auf das Aroma eines Produktes positiv oder auch negativ auswirken. Die Erfahrung des Kellermeisters entscheidet allein darüber, ob sein Calvados mit »nur« 40 oder mehr Prozenten in die Flasche kommt.

Von den auf dem deutschen Markt erhältlichen Calvados (jede Qualität, Altersstufe/Jahrgang, einer Marke als eigenständiges Produkt gezählt) haben:

43 Prozent einen Alkoholgehalt von 40 Volumenprozent;
35 Prozent einen Alkoholgehalt von 42 Volumenprozent;
14 Prozent einen Alkoholgehalt von 41 Volumenprozent;
6 Prozent einen Alkoholgehalt von 43 Volumenprozent;
2 Prozent einen Alkoholgehalt von 44 Volumenprozent.

Der Alkoholgehalt sagt nichts über die Güte eines Calvados und nichts über sein Alter: Selbst der Senior unter den Calvados, »*Michel Huard*«, der 1921er, hat nur 40 Prozent unter dem Korken. Und der jüngste, »*Roger Groult*«, 8 Jahre alt, hat 41 Prozent wie seine älteren Brüder Jahrgang 1966 oder Réserve Ancestrale.

Ganz allgemein kann man aber sagen, daß die Standardqualität der einzelnen Hersteller, die jüngsten also, vielfach auch den niedrigsten Alkoholgehalt haben. Manche von ihnen kommen mit 40 Volumenprozent aus, während ältere Qualitäten, besonders die als Hors d'Age ausgewiesenen, aus demselben Keller vielfach einen höheren Alkoholgehalt haben.

Standard – durchaus nicht gleich Billigware

Der Begriff »Standardqualität« ist zu pauschal, als daß man ihn einfach so im Raum stehenlassen könnte. Im allgemeinen Sprachgebrauch der Händler und Kenner ist damit jeweils die unterste Qualitätsstufe im Sortiment eines Anbieters gemeint, salopp ausgedrückt: der billigste Calvados von einer Marke.

Das Wort »billig« muß noch nicht zwangsläufig etwas über die Qualität aussagen. Renommierte Hersteller werden dem Lack ihres Images keine Kratzer beibringen, indem sie zu krasse Unterschiede zwischen ihren einzelnen Angeboten dulden – da muß auch der preiswerteste Calvados noch hohen Ansprüchen gerecht werden.

Die Etiketten sind wenig hilfreich, wenn man die jungen von den alten, die billigen von den teuren Calvados unterscheiden will: Aufdrucke oder Symbole auf dem Etikett wie drei Sterne oder drei Äpfel, die automatisch auf den jüngsten Bestandteil und damit auf das offizielle Alter schließen ließen, sind ja beim Calvados nicht zwingend vorgeschrieben.

Andererseits betitelt mancher Hersteller in seiner Bescheidenheit einen Calvados lediglich als »Vieux«, obwohl dem Brand laut Gesetz eine weitaus wohlklingendere Bezeichnung zustünde.

Die Preisliste hilft weiter

Zumindest bei den im deutschen Markt regulär erhältli chen Marken sind die üblichen Umschreibungen für Calvados aus dem »Alterskonto« 2 rar. Meist begnügen sich die Hersteller mit dem Markennamen ohne jeden weiteren Zusatz. So heißt es z. B. schlicht *»Boulard«*, *»Baron de La Touque«* oder *»Pâpidoux«*, wenn die niedrigste Qualitätsstufe gemeint ist.

Mancher hängt auch noch ein schmückendes zweites Wort an: *»Sélection«* heißen die Standardqualitäten bei Montgommery und Morin, *»La Flambée«* bei Rollon, *»La Normande«* bei Busnel und *»Gothique«* bei Morice.

Bei dieser Bezeichnungsvielfalt hilft tatsächlich nur ein Blick in die Preislisten weiter: Was dort mit dem niedrigsten Betrag ausgewiesen ist, steht am unteren Ende der Sortimentshierarchie. Kein Grund, die Flaschen deswegen im Regal stehenzulassen. Auch ein vergleichsweise junger Calvados kann ungetrübten Genuß bieten: Er hat noch das Feuer der Jugend und ein ausgeprägtes Apfelbukett, was viele Calvados-Trinker zu schätzen scheinen. Bei der Fördergemeinschaft für französische Landwirtschaftserzeugnisse Sopexa in Düsseldorf geht man davon aus, daß drei Viertel des deutschen Imports der Calvados-Jugend (etwa zwei Jahre Faßreife, auf das maßgebliche, jüngste Destillat bezogen) zuzurechnen sind.

»Calvados« und »Pays d'Auge«

Bei näherem Studium der Angebote fällt auf, daß die Standardqualitäten einiger Hersteller die »Appellation Calvados Controlée« tragen, während die älteren und teureren Sorten als Ursprungsbezeichnung das »Pays d'Auge« haben. Das ist z. B. der Fall beim *»Père Magloire Fine«* und beim *»Busnel La Normande«*, beim *»Boulard«*, beim *»Baron de La Touque«* und beim *»Prince Robert Royal«*.

Auch die Hersteller des Calvados *»Marquis d'Aguesseau«* haben eine Standardqualität mit der »Appellation Calvados«, während die anderen aus dem Pays d'Auge stammen. Aber sie nennen ihren preiswertesten Calvados auch anders: *»Jules Pommier«* heißt der jüngste dieser Marke.

Eine Ausnahme macht der Calvados *»Gilbert«*. Dessen jüngste Qualität *»Gilbert Carte Verte«* trägt die »Calvados«-, *»Gilbert Réserve«* dagegen die »Pays-d'Auge«-Appellation. Aber der mit der Bezeichnung »Age inconnue«, der teuerste, trägt dank seiner Herkunft aus dem Mortainais wieder die »Appellation Calvados«.

Von der »Appellation« allein kann man nicht darauf schließen, ob ein Calvados zur Basis oder zur Spitze gehört. Von den Standardqualitäten stammen 57 Prozent aus dem Pays d'Auge, die übrigen aus einem der zehn anderen Produktionsgebiete. Die Hälfte dieser restlichen 43 Prozent stammt aus Brennereien, die ausschließlich Calvados mit der »Appellation Calvados Contrôlée« herstellen.

Billiges und Teures

Gute Qualität, selbst wenn sie ihrer Stellung im Sortiment nach »nur Standard« ist, kann nicht billig sein. Auch für einen jungen Calvados braucht man mehr oder weniger viel von den alten Beständen, um ihn »rund« zu machen. Und die schlagen schwer zu Buche. Steuern und Zölle sowie die Aufschläge von Importeuren und Großhändlern verteuern ein ohnehin nicht billiges Produkt weiter. Das gilt nicht nur für den Calvados, damit hat die gesamte Importspirituosen-Branche zu rechnen.

Aber die steigende Nachfrage führt auch immer wieder dazu, daß mancher mit billiger Masse große Kasse machen will. Ein guter Calvados von einem seriösen Anbieter kostet auch in der jüngsten Qualitätsstufe niemals unter 20 Mark. Was darunterliegt, kann allenfalls anspruchslose Alesschlucker, nicht aber einen Genießer zufriedenstellen. Nach oben sind den Preisen dagegen kaum Grenzen gesetzt, auch nicht denen der Standardqualitäten.

Die meisten aus dieser Klasse liegen zwischen 25 und 30 Mark Endverbraucherpreis; bei manchen Marken muß allerdings schon der Wiederverkäufer seinen Großhändler mit solchen Summen bezahlen.

Vom Gesichtspunkt des Preises lassen sich freilich die Standardqualitäten der verschiedenen Anbieter nicht über einen Qualitätskamm scheren. Denn wenn bei dem einen ein tatsächlich junger Calvados ganz unten im Sortiment steht, kann das bei einem anderen, z.B. bei Baron Randolph, Louis Dupont, La Traque oder Nicolas Napoléon, ein V.S.O.P. sein, der diese Stelle einnimmt. Und beide werden dann landläufig als »die Standardqualität« bezeichnet.

Welchen Calvados soll man bei Michel Huard als Standardqualität bezeichnen? Etwa den *»Michel Huard 1974«* zu 80 Mark? Oder den *»Michel Huard 20 ans d'age«* zu 108 Mark? Jüngeres hat der Alleinimporteur nämlich nicht im Sortiment. Da klingt »Standard« denn doch zu abwertend.

Der *»Fine Calvados Cœur de Lion«* zu 40 Mark ist der jüngste seiner Sippe. Bei Yves Pellerin ist das ein zehn

Jahre alter »Vieux«, der den Wiederverkäufer schon runde 38 Mark kostet. *»Roger Groult 8 ans«* ist Marken-Junior mit einem Großhandelspreis von rund 43 Mark. Der zwischen sechs und sieben Jahre alte *»Nicolas Napoléon V.S.O.P.«,* mit ca. 25 Mark Endverbraucherpreis, *»Bizouard Réserve«* (ca. 22 Mark für Wiederverkäufer), *»Legrande Vieux«* (Großhändlerpreis ca. 29 Mark) und *»Louis Dupont V.S.O.P.«* (rund 40 Mark für Wiederverkäufer) sind allesamt die Preiswertesten und Jüngsten in den Sortimentslisten der jeweiligen Hersteller. Standardqualitäten?

Der Begriff hat einen zu negativen Beigeschmack, als daß man ihn noch länger pauschal auf alle billigsten Stufen der verschiedenen Calvados-Marken anwenden sollte. Denn vieles davon ist trotz (oder gerade wegen) seiner Jugend manchem aufgrund des Etiketts höher eingestuften Produkt ebenbürtig, manchmal sogar überlegen. Durchprobieren ist der einzige Weg zur Klarheit.

*W*enn die einzelnen Calvados-Destillate zum endgültigen Produkt gemischt sind, wird mit reinem Wasser auf die gesetzlich festgelegte Trinkstärke von 40 bis 45 Volumenprozent verdünnt. Die jüngsten Qualitäten eines Herstellers werden üblicherweise als Standardqualitäten bezeichnet; sie sind immer auch die billigsten im Sortiment des jeweiligen Erzeugers. Doch gibt es darunter auch ausgezeichnete Produkte. Unter 20 Mark ist auch der jüngste Calvados nicht zu haben.

Das milde Feuer der Reife: »Vieux«, »V.S.O.P.«, »Hors d'Age« & Co.

Viele deutsche Importeure haben in den letzten Jahren eine deutlich steigende Nachfrage nach älterem und altem Calvados ausgemacht. Das läge durchaus im Trend: Gereifte Qualitäten sind gefragt, sei das nun beim Cognac, beim Whisky oder bei anderen Spirituosen. In der Regel sind ältere Brände abgerundeter im Geschmack, harmonischer im Bukett, kurz: einfach besser als jüngere.

Leider wird diese Ansicht aber oft kritiklos als Dogma gesehen. Spirituosenkauf wird zur Prestigesache; mancher zahlungskräftige und zahlungswillige Konsument, der sich mit dem Normalen nicht zufriedengeben will, legt den Preis als Meßlatte an statt des eigenen Urteils. Er schluckt kritiklos und lobt grundlos das Teure, verdammt aber das Preiswerte, ohne geprüft zu haben.

Solche Kunden sind das ideale Publikum für Etikettenschwindler, die selbst den größten Fusel gewaltsam auf alt trimmen und sich damit eine goldene Nase verdienen. Es gibt genug traurige Beispiele dafür, daß sich in der Bundesrepublik angeblich alte Schnäpse gut verkaufen lassen, die in ihrem Herkunftsland kein Mensch in den Mund nehmen, geschweige denn so teuer bezahlen würde.

Alter allein ist nicht alles

Kenner des Marktes sind sicher, daß ein Großteil der alten Spirituosen hierzulande nur zu Renommierzwecken gekauft wird. Entweder will man zeigen, daß man sich's leisten kann, oder man will sich beim Schenken nicht lumpen lassen und greift deshalb zum Älteren, Teureren und damit vermeintlich Besseren.

Gewiß gibt es aber auch genügend verständige Feintrinker, die sich nicht vom Etikett ablenken lassen, die zuerst die Qualität beurteilen und erst dann auf den Preis schauen. Kenner, die sich nicht scheuen, auch das Unbekannte und Billige zu loben, wenn dieses Lob angebracht ist.

Solche Vorrede muß sein, wenn es um Calvados geht, der oberhalb des Standards liegt. Denn auch hier ist, wie immer, das Alter allein noch keine Garantie für Güte. Ein reifer Calvados kann entzücken, wenn er aus bestem Rohstoff sorgsam gebrannt wurde, optimal reifen konnte und richtig geblendet wurde. Dann kann er Spiegelbild sein der Kunst des Kellermeisters, Glanzlicht unter den Produkten eines Herstellers und für den Genießer ein Tropfen, vor dem die Zunge in Wohlgeschmack erzittert.

Alter Calvados kann aber auch zur Enttäuschung werden. Geschmack ist zwar immer eine subjektive Sache, aber es gibt gewisse Normen, an denen man sich sein Urteil bilden kann. Jede Spirituose muß den Charakter ihres Ausgangsproduktes bewahrt haben, wenn sie den hohen Anforderungen eines kundigen Gourmets entsprechen soll. Ein Calvados, dem jeglicher Apfelton fehlt, weil er im überlangen Faßlager seinen Urgeist ausgehaucht hat, ist nur noch überbezahlter Sprit. Er wird zum Ärgernis, statt

Genußmittel zu sein. Aus gutem Grund lachen sich die Normannen heimlich ins Fäustchen über jene angeblichen Kenner, die einen Calvados preisen (und teuer bezahlen), den Kundige längst als »tot« abgeschrieben haben.

Die Mehrheit dieser Destillate ist zwischen 8 und 12 Jahren auf dem Höhepunkt ihrer Reife. Wenn sie gekonnt vermischt wurden, vermögen sie einen Aha-Effekt zu vermitteln. Eine Zugabe an jungem, feurigem und »apfeligem« Destillat muß meist sein, damit das Ergebnis seinen Ursprung noch zeigen kann.

Altersangaben – nüchtern gesehen
Wenn ein Calvados aus 5 Prozent 5jährigen und 95 Prozent 10-, 20jährigen oder noch älteren Destillaten besteht, bleibt er ein V.S.O.P., weil das Gesetz für 5jährigen Calvados eben keine höhere Bezeichnung zuläßt. Wenn einer zu 95 Prozent aus gerade eben 6 Jahre alt gewordenen Destillaten und nur zu 5 Prozent aus – sagen wir einmal – 10jährigen besteht, kann der Abfüller das preistreibende Hors-d'Age-, Extra-, Napoléon- oder Age-inconnue-Etikett auf die Flasche kleben.

Man sucht hinter dieser Regelung vergeblich die Logik und kommt zum Schluß, daß man wohl oder übel auf den Ruf des Herstellers oder die inoffiziellen Altersangaben der Händler vertrauen muß. Denn die zugelassenen Bezeichnungen sind allenfalls vage Leitlinien, aber keine Sicherheit.

Das Qualitätsdenken eines Kellermeisters bestimmt die Güte des Produktes. Die zugelassenen Altersangaben besagen im Grunde nichts darüber. Ein laut Etikett »junges« Produkt kann in seiner Gesamtheit viel reifer sein als ein

Calvados mit – laut Etikett – »unbekanntem Alter« (Age inconnue).

Es erleichtert den Überblick über die Altersklassen keineswegs, wenn, wie es oft der Fall ist, die Hersteller auf Altershinweise verzichten oder eigene Bezeichnungen für die unterschiedlichen Qualitäten verwenden. So ist z.B. auch die Steigerung »Fine Calvados« – »Grande Fine Calvados« gebräuchlich, u.a. bei Père Magloire. Bei Boulard wird der mittleren Qualität statt eines Altershinweises der Zusatz »Pays d'Auge« angehängt. Mit welchen der offiziellen Altershinweise soll man diese Angaben vergleichen?

Verwirrende Etiketten-Praxis

Das Wort »Vieux« steht normalerweise für Calvados des »Alterskontos« 3 (mindestens 3 Jahre alt), für die wahlweise auch die Bezeichnung »Réserve« zugelassen ist. Bei Michel Huard steht »Vieux« vor jeder Qualität: *»Vieux Calvados Michel Huard 1969«* oder auch *»Vieux Calvados Michel Huard 20 ans d'Age«.* Understatement, das den Konsumenten verwirrt.

Wenn nähere Angaben fehlen, hilft auch ein Blick in die Preislisten beim Bemühen um Einordnung in Altersklassen nicht viel weiter. Je nach Qualitäts- und Preispolitik sind die Unterschiede zu groß, als daß man daraus zuverlässige Schlüsse auf den Reifegrad ziehen könnte. Überspitzt gesagt: Der »Hors d'Age« des einen kann so teuer (oder billig) sein wie die »Réserve« des anderen. Aber man sollte sich ohnehin nicht von Altershinweisen und Preisen leiten lassen. Calvados-Kauf ist in hohem Maße eine Frage des Vertrauens in Hersteller und/oder Lieferanten sowie Geschmacks- und Erfahrungssache.

*Für die Destillation des Calvados ist sowohl das Cognac-
als auch das Armagnac-Verfahren erlaubt.*

*Der Kellermeister überprüft in regelmäßigen Abständen
den Reifeprozeß. Ein Destillat braucht eine gewisse Lagerzeit.
Erst während dieses Reifeprozesses entwickelt
sich sein endgültiger Charakter, der Alkoholgehalt nimmt ab,
der Branntwein wird mit jedem Jahr harmonischer
und bekommt mehr Farbe.*

Einstieg: »Vieux« und »Réserve«

Es ist keineswegs so, daß das Sortiment jedes Erzeugers eine sorgsame Abstufung in der Reihenfolge aller Altersklassen aufweist. Von Domaine Dupont gibt es als niedrigste Qualität einen »Hors d'Age«. Der Standardqualität *»Dauphin Pays d'Auge«* folgt gleich *»Réserve du Dauphin«*, eine »Vieille Réserve« – die Stufe »Vieux/Réserve« wird also übersprungen. Die Liste solcher Beispiele ließe sich fortsetzen.

*Die 3. Calvados-Klasse (Compte 3)** *

Marke/Alkoholgehalt	Preis ca.**
Vieux Coeur de Lion, 42%	40 E
Yves Pellerin Vieux, 42%	38 G
Réserve Bizouard, 42%	22 G
Lecompte Vieux, 42%	38 E
Père Magloire Grande Fine, 40%	32 E
Gilbert du Pays d'Auge Réserve, 40%	23 G
Montgommery Vieux, 40%	30 G
Legrande Vieux, 40%	29 G
Vieux Baron de La Touque, 40%	28 E

* Es sind die Qualitäten aufgeführt, die nur als »Vieux« oder »Réserve« ausgewiesen sind oder von ihrer Stellung im Sortiment her zu dieser Altersklasse gehören müßten.
** in DM, gerundet; E = Endverbraucher-, G = Großhandelspreis

Folgerichtig käme nach den Standardqualitäten (die bei manchem Produzenten freilich schon in hohen Altersklassen angesiedelt sind) Calvados mit den Bezeichnungen »Vieux« oder »Réserve«. Der muß mindestens 3 Jahre alt sein, ist in praxi aber oft weitaus älter; entsprechend unterschiedlich sind auch die Preise:

»Vieux Baron de La Touque« ist schon für rund 28 Mark zu haben, der 10jährige *»Yves Pellerin Vieux«* kostet den Wiederverkäufer schon rund 38 Mark. Denselben Preis hat der Endverbraucher für den zwischen 6 und 8 Jahre alten *»Lecompte Vieux«* zu bezahlen.

Steigerung: »Vieille Réserve« oder »V.O.«

Der Altersklasse über »Vieux« und »Réserve« ist die ähnlich klingende Wortkombination »Vieille Réserve« zugedacht, außerdem kann diese Qualität auch die Kurzformel »V.O.« für »very old« auf dem Etikett tragen.

Manchem ist »alte Reserve« zu schade für eine Spirituose, die theoretisch nur mindestens 4 Jahre alt sein muß. Mit rund 20 Jahren wird das Alter des *»Calvador Vieille Réserve du Château«* angegeben, 15 Jahre alt ist *»Rollon Vieille Réserve«. »Lecompte Vieille Réserve«* ist 12 Jahre alt.

Die 4. Calvados-Klasse (Compte 4)*

Marke/Alkoholgehalt	Preis ca.**
Réserve du Dauphin Vieille Réserve, 40%	30 E
Lecompte Vieille Réserve, 42%	50 E
Calvador Vieille Réserve du Château, 42%	48 E
Prince Robert Vieille Réserve V.O., 42%	50 E
Rollon Vieille Réserve, 43%	43 G
Vieille Réserve du Pays d'Auge Res. Franz Keller, 43%	55 E
Fermier Vieille Réserve, 42%	43 E

* Die Angaben stützen sich auf die offiziellen Bezeichnungen in den Sortimentslisten des Handels, unabhängig davon, ob die aufgeführten Marken aufgrund ihres tatsächlichen Alters nicht auch höher eingestuft werden könnten.

** in DM, gerundet; E = Endverbraucher-, G = Großhandelspreis

Ein näherer Blick aufs Etikett bzw. die Etiketten ist oft angebracht, will man einigermaßen klarsehen. Calvados *»Réserve du Dauphin«* gehört nach dieser Angabe auf dem Hauptetikett eigentlich in die dritte Altersklasse (»Vieux«/ »Réserve«). Auf dem Flaschenhals ist aber ein schmaleres Etikett angebracht mit dem Aufdruck »Vieille Réserve«. Also gehört er in die vierte Qualitätsstufe, denn jeder Altershinweis, egal, wo und wie er angebracht ist, muß sich auf das Mindestalter (= Alter des jüngsten Bestandteils) beziehen.

Kombinationen mit Bezeichnungen der nächsthöheren Altersstufe sind unter dieser Bedingung möglich. *»Busnel Vieille Réserve V.S.O.P.«* ist ein Beispiel dafür. Dieser Calvados ist natürlich mindestens 5 Jahre alt und nicht etwa nur 4, wie das »Vieille Réserve« glauben machen möchte. Wenn mehrere Umschreibungen für das Alter angegeben oder verschiedene kombiniert sind, ist immer die höchste maßgeblich für eine Beurteilung des Mindestalters.

Sprungbrett: Der »V.S.O.P.«

Die Qualität »V.S.O.P.« ist die letzte, deren Alter noch von offizieller Seite überwacht wird: Ihr jüngster Bestandteil muß aus dem Alterskonto 5 stammen und ist damit mindestens 5 bis 6 Jahre alt. Diese Bezeichnung ist sozusagen das Sprungbrett ins Niemandsland: Nach dem Verlassen des Compte 5 ist die Bezeichnung des Calvados der Bescheidenheit oder dem Drang zum Hochstapeln des Erzeugers unterworfen, weil ein 6jähriger genausogut »Age inconnue« heißen darf wie ein 20jähriger Calvados.

Bei dieser Qualitätsstufe sind die Hersteller oder deren Importeure auffallend zurückhaltend mit Altersangaben. Mancher verweist schlicht auf die gesetzlichen Bestimmungen, die alle Umschreibungen für das Alter regeln, andere geben lapidar ein »Mindestalter« an:

Zwischen 6 und 7 Jahre alt ist *»Nicolas Napoléon V.S.O.P.«*, mindestens 5 Jahre alt *»Pâpidoux V.S.O.P.«* Mit 7 Jahren ist das Alter von *»La Traque V.S.O.P.«* angegeben.

Die 5. Calvados-Klasse (Compte 5)*

Marke/Alkoholgehalt	Preis ca.**
Nicolas Napoléon V.S.O.P., 40%	25 E
Pâpidoux V.S.O.P., 40%	19 G
Morin V.S.O.P., 44%	32 G
Busnel Vieille Réserve V.S.O.P., 40%	37 G
Legrande V.S.O.P., 40%	40 G
Vieux Clos Minotte V.S.O.P., 40%	23 G
Baron Randolph V.S.O.P., 40%	30 G
Louis Dupont V.S.O.P., 43%	40 G
Morice V.S.O.P., 42%	37 E
La Traque V.S.O.P., 40%	31 G
Père Magloire V.S.O.P., 40%	40 E

* Die Angaben stützen sich auf die offiziellen Bezeichnungen in den Sortimentslisten des Handels, unabhängig davon, ob die aufgeführten Marken aufgrund ihres tatsächlichen Alters nicht auch höher eingestuft werden könnten.

** in DM, gerundet; E = Endverbraucher-, G = Großhandelspreis

Von 5 bis 50: »Hors d'Age« & Co.

Es muß eine Menge Fässer geben, deren Inhalt das Compte 5 hinter sich gelassen hat. Jedenfalls ist die Altersklasse 6 so reichlich in den Angeboten vertreten wie kaum eine

Die 6. Calvados-Klasse (jenseits von Compte 5)*

Marke/Alkoholgehalt	Preis ca.**
Domaine Dupont Hors d'Age, 43%	55 G
Coeur de Lion Hors d'Age, 42%	83 E
Yves Pellerin Hors d'Age, 42%	59 G
Dauphin Hors d'Age, 40%	48 E
Nicolas Napoléon Hors d'Age, 40%	–***
Bizouard Hors d'Age, 42%	48 G
Lecompte Hors d'Age Manior, 42%	63 E
Père Magloire Hors d'Age, 40%	68 E
Gilbert Age inconnue, 40%	34 G
Calva d'Auge Hors d'Age, 42%	70 E
Boulard Hors d'Age, 43%	50 G
Busnel Hors d'Age, 43%	56 G
Legrande Hors d'Age, 43%	61 G
Marquis d'Aguesseau Hors d'Age, 40%	55 G
Noble Dame Hors d'Age, 42%	69 E
Baron Randolph Hors d'Age, 40%	49 G
Louis Dupont Hors d'Age, 43%	45 G
Rollon Altesse Hors d'Age, 43%	88 G
Morice Hors d'Age, 42%	48 E
La Traque Hors d'Age, 40%	48 G
Fermier Hors d'Age, 42%	74 E
Fermier Age inconnue, 42%	103 E
Baron de La Touque Hors d'Age, 40%	41 E
du Pont Perce Hors d'Age, 42%	50 E
Vieux Fermier R. Ouin Hors d'Age, 40%	165 E

* Die Angaben stützen sich auf die offiziellen Bezeichnungen in den Sortiments-listen des Handels, unabhängig davon, ob die aufgeführten Marken aufgrund ihres tatsächlichen Alters nicht auch höher eingestuft werden könnten.

** in DM, gerundet; E = Endverbraucher-, G = Großhandelspreis

*** Diese Qualität wird nur in der Zweiliterflasche und ausschließlich an die Gastro-nomie geliefert.

andere. Darin tummelt sich das Mittelalter ebenso wie wirklich Uraltes. In keiner anderen Stufe gibt es so krasse Unterschiede in Alter und Preis wie in dieser.

Wie groß die Altersunterschiede sind, sollen einige Beispiele zeigen. Mehr als 6 Jahre alt ist nach Angaben des Importeurs der *»Busnel Hors d'Age«* dieser Klasse. Mit 10 Jahren sind die Marken *»Domaine Dupont Hors d'Age«* und *»Baron Randolph Hors d'Age«* angegeben, ebenso der *»Dauphin Hors d'Age«*, meist mit dem Zusatz »mehr als . . .«, *»La Traque Hors d'Age«* ist 13, *»Lecompte Hors d'Age Manoir«* zwischen 18 und 20 Jahre alt. Auf zwei Reifejahrzehnte bringt es *»Yves Pellerin Hors d'Age«*, auf drei der *»Rollon Altesse Hors d'Age«*. Altersgipfel dieser Stufe dürfte *»Vieux Fermier R. Ouin Hors d'Age«* mit 50 Jahren sein.

Rätsel: Spezielle Produzenten-Deklarationen

Neben den am Etikett erkennbaren Calvados der verschiedenen Altersstufen gibt es noch einige alte Qualitäten, deren Bezeichnungen keine Schlüsse auf das Alter zulassen. Bei ihnen ist man auf Informationen der Hersteller oder Händler angewiesen, wenn man das Mindestalter erfahren will.

Sicher ist nur eines: All diese Qualitäten liegen mindestens auf der gleichen Altersstufe wie Hors d'Age und Age inconnue. Einige Hersteller verzichten auf die Verwendung dieser häufigen Umschreibungen und benutzen statt dessen weniger gängige. Andere müssen eine zusätzliche Bezeichnung verwenden, weil ihre Hors-d'Age-Stelle bereits besetzt ist, sie aber eine noch ältere Qualität im Programm haben. Das gilt z.B. für Yves Pellerin (*»Yves Pellerin Très Ancienne Réserve«*), für den über 25jährigen *»Lecompte Très Ancienne Réserve«* und *»Père Mathieu Napoléon«*.

Weitere alte Calvados*

Marke/Alkoholgehalt	Preis ca.**
Yves Pellerin Très Ancienne Réserve, 42%	100 G
Roger Groult Vénérable, 41%	60 G
Roger Groult Age d'Or, 41%	91 G
Roger Groult Doyen d'Age, 41%	113 G
Roger Groult Réserve Ancestrale, 41%	291 G
Lecompte Très Ancienne Réserve, 42%	110 E

* Die Angaben stützen sich auf die offiziellen Bezeichnungen in den Sortimentslisten des Handels, unabhängig davon, ob die aufgeführten Marken aufgrund
ihres tatsächlichen Alters nicht auch höher eingestuft werden könnten.
** in DM, gerundet; E = Endverbraucher-, G = Großhandelspreis

Zusätze wie »Très«, »Ancienne« u.a. zum Wort »Réserve«
signalisieren immer sehr hohes Alter.

*D*ie offiziell zugelassenen Begriffe wie »Vieux«,
»Réserve«, »V.S.O.P.« usw. sind nur ein Hinweis
auf das Mindestalter. Sie sagen nichts darüber aus,
wie lange die einzelnen Hersteller ihren Calvados
tatsächlich reifen ließen. Daraus erklären sich auch
die zum Teil sehr unterschiedlichen Preise. Nicht
jeder alte Calvados muß auch ein guter Calvados
sein: Überlagerte Brände verlieren ihren Charakter.

Calvados-Raritäten: Jahrgänge und Altersangaben

Immer wieder ist zu hören oder zu lesen, daß es nicht statthaft sei, auf dem Etikett eines Calvados einen Jahrgang oder das Alter in Zahlen anzugeben. Selbst in den Informationsschriften mancher Importeure wird diese Behauptung verbreitet. Sie ist schlichtweg falsch.

Den Beweis liefert die Übersetzung der entsprechenden B.N.I.C.-Vorschrift »Jahrgänge: Nur diejenigen Häuser oder Firmen haben das Recht, Jahrgangs-Calvados zu vertreiben, die in der Lage sind, die Genauigkeit der Jahrgänge nachzuweisen, die sie auf den Etiketten anzeigen. Zu diesem Zweck muß jeder Anbieter von Jahrgängen diese gegenüber dem B.N.I.C. erklären, und zwar vor der Kommerzialisierung des Jahrganges. Ein solcher Anbieter muß bereit sein, den Nachweis durch eine entsprechende, gesonderte Buchhaltung zu führen, durch getrennte Lagerung und durch regelmäßige Abgangsmeldungen und Angabe der Lagervorräte.«

Diese Vorschrift gilt sinngemäß auch für Calvados mit Angabe des Alters. Damit sind nicht die Umschreibungen für ein Mindestalter gemeint wie »Vieux« oder »V.S.O.P.«, sondern klare Altersangaben: 8 Jahre, 15 Jahre alt usw.

Jahrgangs-Calvados und Calvados mit Altersangabe

Es spielt im Prinzip keine Rolle, ob ein Hersteller z. B. »8 ans d'age« (8 Jahre alt) oder »plus de 8 ans« (mehr als 8 Jahre) aufs Etikett schreibt: Da das jüngste Destillat maßgeblich ist für die Bezeichnung, ist der Calvados in jedem Fall älter als 8 Jahre.

Wer auf wirklich alten Calvados Wert legt, orientiert sich am besten an den mit einer genauen Altersangabe versehenen Marken. Eine Zahl auf dem Etikett sagt mehr aus als »Hors d'Age«, »Age inconnue« oder eine der anderen Bezeichnungen, die im Prinzip schon einem 6jährigen Calvados zustehen.

Calvados mit Altersangabe*

Marke/Alkoholgehalt	Preis ca. **
Coeur de Lion 25 ans d'age, 42%	130 E
Roger Groult 8 ans d'age, 41%	43 G
Roger Groult 15 ans d'age, 41%	49 G
Réserve du Prince Robert plus de 15 ans, 42%	150 E
Réserve du Prince Robert plus de 20 ans, 41%	165 E
La Traque 30 ans d'age, 42%	96 G
Louis Dupont plus de 20 ans, 42%	110 G
Michel Huard 20 ans d'age, 40%	108 E

* nach Angaben in den Preislisten der Händler oder Importeure
** in DM, gerundet; E = Endverbraucher-, G = Großhandelspreis

Man darf nun aber nicht alles geringer achten, was keine Zahl auf dem Etikett trägt. Es gibt Hersteller, die den mit einer genauen Altersangabe verbundenen Aufwand scheuen und lieber auf eine solche Angabe verzichten.

Und hinter manchem »Hors-d'Age«-Etikett verbirgt sich ein Calvados, der auch mit der Angabe »plus de 20 ans« gehandelt werden dürfte.

Selten: Gutes aus einem Jahr

Standardqualität im Sinne eines gleichbleibend markentypischen Calvados ist mit Destillaten aus nur einem Jahrgang in der Regel nicht herzustellen. Fast immer braucht der Kellermeister Brände aus verschiedenen Jahren, um ein Produkt von stets gleichem Charakter erzeugen zu können.

Doch einige Brennereien produzieren in manchen Jahren einen Calvados, der den üblicherweise hergestellten überhaupt nicht gleichen soll. Im Gegenteil: Michel Huard z. B., der sich in seinem vergleichsweise kleinen Betrieb auf Jahrgangs-Calvados spezialisiert hat, legt größten Wert darauf, daß sich die einzelnen Jahrgänge aus seiner Produktion im Charakter deutlich unterscheiden. Im Gegensatz zur üblichen Praxis, bei der Kontinuität in Geruch, Geschmack, Farbe und Aroma gefragt ist, will er, daß die typischen Eigenschaften der Brände eines Jahres in seinen Calvados zur Geltung kommen.

Jahrgänge sind für Huard keine Frage der Etikettierung, sondern eine Frage des Jahrgangscharakters. Das erklärt auch, weshalb er nicht auf Biegen und Brechen alle Jahre wieder Jahrgangs-Calvados auf den Markt bringt. Nur wenn die Qualität der Einzeldestillate aus einem Jahr einen harmonischen Calvados garantiert, kommt dieser auch mit Jahrgangsangabe in den Handel.

Jahrgangs-Calvados auf dem deutschen Markt*

Jahrgang	Marke**/Alkoholgehalt	Preis ca.***
1974	Michel Huard, 40%	80 E
1973	Michel Huard, 40%	72 E
1972	Montgomery, 40%	55 E
1971	Michel Huard, 40%	86 E
1971	Coeur de Lion, 42%	83 E
1970	Coeur de Lion, 42%	100 E
1969	Michel Huard, 40%	94 E
1969	Coeur de Lion, 42%	113 E
1969	du Pont Perce, 42%	63 E
1968	Roger Groult, 41%	105 E
1967	Coeur de Lion, 42%	121 E
1967	Morice, 42%	130 E
1967	Anée, 40%	65 G
1966	Roger Groult, 41%	85 G
1950	Coeur de Lion, 42%	187 E
1948	Coeur de Lion, 42%	220 E
1948	Domaine Gonneville, 42%	295 E
1948	Domaine Dupont, 41%	220 G
1947	Montgomery, 40%	295 E
1947	Louis Dupont, 41%	204 G
1947	Domaine Dupont, 41%	216 G
1947	Réserve du Prince Robert, 41%	245 E
1945	Anée, 40%	90 G
1938	Pomme d'Adam, 40%	285 E
1933	Domaine Semainville, 41%	350 E
1933	Fauchon, 41%	550 E
1921	Michel Huard, 40%	1215 E

* Einige Jahrgänge können in diesem Jahr auslaufen und werden dann durch andere ersetzt.
** Der Einfachheit halber ohne nähere Bezeichnung wie »Vieux«, »Vieille Réserve« o.ä.
*** in DM, gerundet; E = Endverbraucher-, G = Großhandelspreis

Jahrgangs-Calvados setzt voraus, daß der Erzeuger über eine genügend große Auswahl an völlig unterschiedlichen Bränden aus dem betreffenden Jahr verfügt. Während andere Qualitäten mit Hilfe verschiedener Jahrgänge »rund« gemacht werden, sind die Grenzen der Möglichkeiten beim Jahrgangs-Calvados enger. Das erklärt, warum er vergleichsweise selten und immer nur in limitierten Mengen zu haben ist.

Auch Altes kann jung sein

Man lasse sich nicht täuschen: Ein Jahrgang auf dem Etikett sagt über das Alter des Flascheninhalts gar nichts aus! Die Zahl gibt lediglich an, aus welchem Jahr alle einzelnen Bestandteile des Blends stammen, nicht aber wie lange diese reifen durften.

Ein Calvados des Jahrgangs 1947 z.B., dessen jüngstes Einzeldestillat bis 1950 im Faß blieb, kann maximal eine »Vieux«-Qualität sein. Er wäre damit auch nicht reifer als ein 1986 erzeugter Calvados, der 1989 in den Handel kommt.

Denn die Jahre in der Flasche zählen gar nichts. Wenn der Calvados erst einmal in das endgültige Behältnis abgefüllt ist, verändert er sich nicht mehr. Es ist also völlig unsinnig, von einem alten Jahrgang automatisch auf einen besonders alten und damit qualitativ hochwertigen Calvados zu schließen. Wertvoller im pekuniären Sinne als andere kann er gleichwohl sein: Es liegt in der Natur der Sache, daß Jahrgangs-Calvados nicht in unbegrenzten Mengen zu haben ist. Da Jahreszahlen einen besonderen Reiz auf manche Käufer, besonders aber auf Sammler ausüben, sind Jahrgangs-Calvados in der Regel ziemlich schnell vergriffen. Und damit steigt ihr Sammlerwert schon ganz beträchtlich.

Der französische Gesetzgeber wäre gut beraten, würde er die Hersteller verpflichten, neben dem Jahr der Erzeugung (= Jahrgang) auch das der Abfüllung auf dem Etikett anzugeben. Dann könnte jeder Käufer schnell ausrechnen, wie alt sein »alter« Calvados tatsächlich ist. Bis jetzt ist diese Angabe aber noch freiwillig.

Rückschlüsse auf Reifezeiten sind allenfalls aufgrund von näheren Bezeichnungen der Jahrgangsqualitäten möglich. So heißt der demnächst auslaufende Jahrgang 1967 bei Morice Calvados »Morice Hors d'Age 1967«, was mindestens sechsjährige Lagerzeit (»Hors d'Age«) signalisiert.

N eben den Umschreibungen für das Mindestalter eines Calvados (»Vieux«, »Vieille Réserve« etc.) erlaubt der Gesetzgeber unter bestimmten Voraussetzungen auch die Angabe eines genaueren Alters, das sich allerdings ebenfalls nach dem jüngsten im Calvados enthaltenen Destillat richtet. Auch Jahrgangs-Calvados ist nach dem Gesetz möglich. Der Jahrgang sagt allerdings nichts über das tatsächliche Alter des Flascheninhalts aus, weil ein Destillat nicht mehr weiterreift, sobald es in die Flasche gefüllt wird.

Streifzug durch den Markt:
Calvados kennen,
Calvados kaufen

Es ist nicht verkehrt, angesichts der jüngsten Entwicklung auf dem deutschen Markt vom Calvados als einer Modespirituose zu sprechen. Während die Absätze anderer Spirituosen hierzulande stagnieren, teilweise sogar zurückgehen, können die meisten Calvados-Importeure Zuwächse melden, nicht wenige sogar zweistellige.

Rund 15 französische Exporthäuser beliefern den deutschen Markt mit Calvados. Gut 40 Marken sind hierzulande ohne weiteres im Handel zu haben; wer intensiv nachforscht und sich vor allem auch in kleinen Geschäften umsieht, die sich auf den Eigenimport französischer Weine und/oder Spirituosen spezialisiert haben, kommt sicherlich sogar auf über 50 Marken. Denn diese Händler führen oft Produkte eines Erzeugers, dessen geringe Mengen eine großangelegte Vermarktung gar nicht erst erlauben. Darunter sind zum Teil Calvados aus kleinen, bäuerlichen Betrieben, die es mit mancher der bekannten Marken aufnehmen können. Solche Bauern-Calvados sind echte Raritäten, weil nur wenige von ihnen überhaupt die Grenze passieren. Die Sopexa schätzt den Anteil des »Calvados fermier« auf nur etwa 1 Prozent der Gesamteinfuhren.

Wenn andere brennen

Der Name auf dem Etikett muß nicht zwangsläufig der des eigentlichen Herstellers sein. Große Unternehmen, meist solche aus der Getränkebranche, mit Sitz außerhalb des Calvados-Gebietes haben ebenfalls die Möglichkeit, in diesem Markt mitzumischen.

Die Firma Nicolas Napoléon z. B., mit Sitz in Paris, läßt im Produktionsgebiet Calvados herstellen und abfüllen. Sie ist in der Wahl der Produzenten, deren Produkte miteinander verschnitten werden, frei und stellt lediglich ihren Namen für die Etiketten des Calvados *Nicolas Napoléon* zur Verfügung. Dieses »Napoléon«, Bestandteil des Firmennamens, darf übrigens nicht gleichgestellt werden mit »Napoléon« als Altersstufe, die wie »Hors d'Age«, »Age inconnue« oder »Extra« für mehr als 6 Jahre alten Calvados zugelassen ist.

Und dann gibt es noch die sogenannten Négociant-Éleveurs. Das sind Händler, die destillierten Cidre aufkaufen und die einzelnen Destillate in eigenen Kellern reifen lassen. Aus den Bränden verschiedener Hersteller lassen sie von eigenen Spezialisten dann markentypische Mischungen zusammenstellen.

Die Ergebnisse dieser Praxis müssen nicht schlechter sein als die aus »echten« Herstellungsbetrieben, bei denen Destillation, Reifung und Blenden unter einem Dach stattfinden. Auch die Selbstbrenner müssen oft Destillate zukaufen, um ihren teilweise enormen Bedarf decken zu können. Die Güte der Brände ist wohl wichtig, aber die Reifezeit und die richtige Mischung ist für die Qualität eines Calvados von noch größerer Bedeutung.

Die Großen und die Feinen

Die erfolgreichste Calvados-Marke im deutschen Markt ist »Pâpidoux«, lange nur in der Standardqualität, seit einiger Zeit aber auch als »V.S.O.P.« zu haben. Diese zwei Qualitäten werden von den Distilleries Réunies hergestellt, einer Tochterfirma von Pernod-Ricard, die insgesamt sechs Calvados-Marken in ihrem Produktionsprogramm führt.

Aus demselben Haus stammt Calvados »Busnel«, auf dem deutschen Markt mit drei Qualitäten vertreten. Spitzenprodukt ist der mindestens 6 Jahre gelagerte »Hors d'Age« mit kräftigem Bukett und elegantem Körper.

Zu den im hiesigen Handel am stärksten vertretenen Marken zählt ohne Zweifel Calvados »Dauphin«, gleichfalls in drei Altersstufen zu haben. Der »Hors d'Age« aus über 10 Jahre alten Reserven ist besonders weich, tiefgründig und vollendet harmonisch.

Diese Marke ist ein Produkt der Bizouard-Gruppe, aus deren Lagern noch ein ganz besonderer Tropfen für Calvados-Kenner stammt: »Calvador Vieille Réserve du Château« muß unbedingt zur Spitze gezählt werden. Die Destillate reifen in den Kellern von Château du Breuil; die auf jedem Etikett angegebene Faßnummer (z.B. »Foudre N⁰ 68«) ist ein Hinweis darauf, daß die Cuvée, die Mischung der Einzeldestillate, noch einige Zeit weiterreifen darf.

Im Grunde gibt es zwei Calvados-Märkte in Deutschland: zum einen der Handel, wo Durchschnitts-Calvados neben Spitzenqualität steht, zum anderen die Gastronomie, in der einige Importeure mit Erfolg ihre Marken absetzen. Zu letzteren gehört »Gilbert«, der zu zwei Dritteln in der Gastronomie fließt. Besonders interessant aus diesem Sortiment ist die »Age-inconnue«-Qualität: ein ungemein aromatischer Calvados aus mehr als 5 Jahre gelagerten Destillaten des Mortainais – eines der wenigen »Appellation-Calvados Contrôlée«-Destillate, das klar seine Herkunft zeigt.

Nicht alle Erzeuger machen den üblichen Dreisprung Standard–mittleres Alter–hohes Alter; einige beschränken sich auf die Herstellung der oberen, älteren Qualitätsstufen.

Dazu zählt Michel Huard, ein »artisanal« (= handwerklich) arbeitender Calvados-Brenner aus Caligny in der Region Domfrontais. Seine im Gegensatz zu den mehrheitlich trockenen Pays-d'Auge-Calvados eher weichen Produkte werden von Monsieur Vrinat, dem Inhaber des weltberühmten Pariser Restaurants »Taillevent«, wärmstens empfohlen.

Das im deutschen Markt erhältliche Domaine-Dupont-Sortiment beginnt erst mit dem »Hors d'Age«, einer herrlich weichen, nuancenreichen Spitzenqualität aus 10 und mehr Jahre gelagerten Bränden. Ausgezeichnete alte Calvados gibt es auch von Yves Pellerin, dessen mittlere Qualität, ein »Hors d'Age«, bereits mehr als 20 Jahre alt ist: ein harmonischer, weicher Calvados von tiefgoldener Farbe und überwältigendem Duft.

Roger Groult beweist, daß auch alter Calvados seine Apfelnote durchaus konserviert haben kann. Die kleine Destillerie ist spezialisiert auf lange gelagerten Calvados; 8 Jahre zählt bereits das jüngste Kind des Hauses, ein trotz seiner Reife vollaromatischer, ausgewogener Calvados.

Die Spitzenprodukte aus den elf Ursprungsregionen können sich durchaus nicht über die Zahl der verschiedensten Auszeichnungen beklagen. Den größten Medaillenregen dürfte aber wohl die Marke *»Coeur de Lion«* erlebt haben: Mehr als 120 Auszeichnungen wurden an die Distillerie des Fiefs Sainte-Anne in Gonneville-sur-Honfleur für dieses Spitzenprodukt schon vergeben.

»Père Magloire« ist Kennern und Liebhabern des Cidre-Brandes gleichfalls ein Begriff. Ausschließlich in Flaschen exportiert, wird er in Deutschland in drei Qualitäten gehandelt, vom fruchtig-frischen »Fine« bis zum reifen, vollmundigen »Hors d'Age«.

In einer Aufzählung führender Marken (die natürlich immer subjektiv sein wird) darf Calvados *»La Traque«* nicht fehlen. Der ist erst seit 1986 auf dem deutschen Markt, zählt aber inzwischen schon zur Spitze, in der Absatzentwicklung ebenso wie in der Qualität. Auch *»Boulard«* wäre noch zu erwähnen, ebenfalls eine Originalabfüllung, dessen Spitzenqualität »Hors d'Age« eine besonders ausgewogene Cuvée aus fruchtigen und altersmilden Bränden ist.

Vorsicht beim Einkauf: Oft trügt der Schein

Beim Einkaufen von Calvados ist etwas Vorsicht immer angebracht. Gerade auf dem deutschen Markt, da sich hierzulande viele Verbraucher beim Kauf von Genußmitteln gerne von Äußerlichkeiten blenden lassen, trifft man immer wieder auf Calvados-Flaschen, deren Aufmachung ein hohes Alter des Inhalts vortäuschen soll: Eigenwillige Flaschenformen, handbeschriftete, oft künstlich vergilb-

Calvados du Pays d'Auge:	In diesem Fall Marken-name
Hors d'Age:	Hinweis auf das Mindest-alter
Appellation d'origine Contrôlée mis en bouteille en Pays d'Auge:	Kontrollierte Ursprungs-bezeichnung, ergänzt um die Angabe, daß die Flasche im Pays d'Auge abgefüllt wurde
D:	Abkürzung für Digestif
70 cl:	Inhalt der Flasche
42 % Vol:	Alkoholgehalt
Lecompte Producteur:	Hersteller

te Etiketten mit manchmal abenteuerlichen Umschreibungen für »uralten« Calvados sind noch lange keine Garantie dafür, daß der Inhalt dieser Aufmachung auch entspricht.

Ein wirklich alter Calvados kann nicht billig sein. Jedes Jahr im Keller ist brachliegendes Kapital – und das können sich nur Hersteller leisten, deren guter Ruf auch die nötigen Absätze verspricht.

Hinzu kommt, daß sich in jedem Reifejahr rund 4 Prozent der Bestände buchstäblich in Luft auflösen. Die Verdunstung, poetisch »Anteil der Engel« genannt, ist der hohe Preis für lange Reifezeiten. Und der schlägt sich natürlich auch im Verkaufspreis nieder.

Preisvergleiche lohnen sich in jedem Fall. Ganz besonders angebracht sind sie bei den alten und sehr alten Qualitäten, deren Großhandelspreis schon beachtlich ist. Wer sich in mehreren Fachgeschäften umsieht (Spitzenqualitäten sind in der Regel im normalen Handel nicht zu haben), kann manche Mark sparen. Bei größeren Einkäufen reicht die Differenz oft sogar für eine zusätzliche Flasche.

Im deutschen Markt gehört Calvados zu den wenigen Spirituosen mit steigenden Absatzmengen. Von den gut 50 Marken gehört etwa ein Dutzend zu den mengenmäßig Großen. Die Suche nach kleineren Marken, besonders nach Bauern-Calvados, lohnt sich. Vorsicht ist aber geboten bei übertrieben alt aufgemachten Flaschen: Sie halten nicht immer, was das Etikett verspricht.

Mehr als nur ein Digestif:
Calvados
in der Praxis

Es ist kein Problem, in Deutschland Calvados zu finden. Kaufhäuser führen den Normannenschnaps, Fachgeschäfte und Feinkosthändler. Durchschnittliche Qualitäten gibt es schon in einfachen Gasthäusern, eine respektable Auswahl findet man oft in Bistros, fast immer in Cocktailbars und meist im Digestif-Sortiment guter Restaurants, wo sich diese Spirituose ihren festen Platz neben dem Cognac und den (anderen) Obstbränden erobert hat.

Schwieriger ist es, sich für einen bestimmten Typus oder gar eine Marke zu entscheiden; da wird die Wahl zur Qual. Als Richtlinie für Einsteiger gilt: Junger Calvados hat ein frisches Apfelbukett, eine noch wenig ausgeprägte Farbe und einen ziemlich feurigen Ton. Mit zunehmendem Alter wird Calvados weicher, bekommt ein volleres Bukett und wechselt farblich zu Tiefbraun.

Nach der typischen Calvados-Flasche braucht beim Kauf übrigens niemand zu suchen: Es gibt sie nicht. Jeder kann abfüllen, in was immer er will. Vorsicht ist allerdings geboten bei allzu rustikaler Aufmachung von Flasche und Etikett. Der Calvados hält nicht immer das, was die Verpackung verspricht.

Ein Weg zum Calvados-Kenner: Degustationen

Die beste Möglichkeit des Vergleichs verschiedener Calvados-Marken bietet eine Probe im kleinen Kreis. Man stellt vier oder fünf Produkte der gleichen Qualitätsstufe (= Altersstufe) verschiedener Hersteller nebeneinander und prüft Farbe, Geruch und Geschmack. Noch interessanter wird ein solcher Vergleich, wenn jeder Probierende nach einem Notensystem urteilt.

Eine andere Möglichkeit des Probierens beschränkt sich immer auf einen Hersteller. Dessen gesamtes Sortiment wird zur Probe bereitgestellt und wie vorhin beschrieben bewertet.

Wie bei Wein- und anderen Spirituosenproben beginnt man grundsätzlich mit dem jüngsten Destillat und geht in der Reihenfolge bis zum ältesten vor. Dieses System hat durchaus Sinn: Gegen die Wucht eines zuerst probierten älteren Brandes hätte ein junger, vergleichsweise »zarter« Calvados kaum Chancen, sich durchsetzen zu können. Nase wie Zunge könnten ihn nicht mehr richtig wahrnehmen.

So schmeckt er am besten

Kein Kenner würde eine gute Spirituose aus einem ordinären Schnapsglas, dem sogenannten »Stamperl«, trinken. Das Glas entscheidet mit darüber, ob das Trinken ein Genuß oder schlichtes Schlucken ist. Das ideale Glas für den Calvados ist tulpenförmig und hochstielig und ähnelt dem, aus dem auch Cognac getrunken wird. Einige Hersteller bieten solche Gläser an (z.B. Gilbert), zum Teil sogar mit einem passenden Glasdeckel, der das herrliche Apfelbukett bis zum Schluß bewahrt.

Kalt sollte ein Calvados niemals sein; aber das, was hierzulande unter »zimmerwarm« verstanden wird, ist gleichfalls eine ungeeignete Trinktemperatur. Diese Angabe bezieht sich noch auf Zeiten, als Zentralheizungen unbekannt und die Räume noch wesentlich kühler waren: Um die 18 Grad Celsius, das ist die richtige Temperatur. Etwas kühler schadet nicht, weil das langsame Erwärmen von Glas und Inhalt durch die Hand mit zum Zeremoniell des Genießens gehört. Das gleichzeitige Schwenken setzt die Duftstoffe frei – Riechen gehört zum Genuß wie Schmecken.

Mit der in Deutschland leider immer noch gebräuchlichen 2-Zentiliter-Portion sollte man sich nicht zufriedengeben. Solche Minimengen lassen richtiges Probieren kaum zu; die doppelte Menge, andernorts üblich, ist das ideale Maß.

Schöne Sitte »Trou Normand«

Calvados gehört längst zu den renommiertesten Digestifs. Im Gegensatz zu anderen Spirituosen, die grundsätzlich erst nach dem Dessert aufgetragen werden, kann er auch schon früher zum Einsatz kommen.

Voraussetzung dafür ist ein opulentes Mahl mit möglichst vielen Gängen, wie es die Normannen besonders schätzen. Denen ist auch die Entdeckung des »Normannischen Lochs« zu verdanken, jener schönen Sitte, zwischen zwei Gängen einen guten Schluck Calvados zu trinken, um im Magen wieder Platz für weitere Speisen zu schaffen. Im Calvados-Gebiet wird dieses Tun mit »faire le Trou Normand« umschrieben.

Spätestens vor dem Hauptgericht ist dieser flüssige Zwischengang angebracht. Zu diesem Zweck muß es keineswegs ein besonders alter, teurer Calvados sein, eine mittlere Qualität erfüllt denselben Zweck. Und guten Essern sollte man ohne Zögern auch ein zweites »Loch« zugestehen.

Zum Kaffee und im Kaffee

Die Zeit nach einem guten Mahl sollte einem alten Calvados gehören. Den genießt man wie jede edle Spirituose: langsam, mit Nase und Gaumen, in kleinen Schlucken und mit hellwachen Sinnen. Und natürlich »pur«, alles andere würde den Genuß nur stören, sei es Kaffee oder die geliebte Zigarre.

Weniger feierlich, aber gleichwohl ein Genuß ist die Kombination von Kaffee und Calvados, der dann aber nicht aus der Topklasse stammen sollte. Für einen *»Café Calva«* gießt man einen je nach Geschmack mehr oder weniger großen Schluck Calvados direkt in den Kaffee hinein.

Man kann sich aber auch den Calvados aufheben, bis der letzte Schluck Kaffee getrunken ist. Dann wird die Spirituose in die noch heiße Tasse gegossen und daraus getrunken. Durch den Kontakt mit der heißen Tasse entfaltet der Calvados sein Aroma.

Gut gemixt mit Calvados

Natürlich begnügen sich die Barkeeper schon lange nicht mehr damit, Calvados nur pur auszuschenken. Diese Spezialisten für feines Trinken haben früh gemerkt, daß sie mit dem Cidre-Destillat ein Produkt in Händen haben, das vielen Drinks geschmacklich seinen Stempel aufdrückt.

Zum Mixen werden selbstverständlich keine Spitzenqualitäten aus dem Schrank geholt. Das feine Bukett eines gereiften Calvados würde im Reigen der übrigen Zutaten auf der Strecke bleiben. Ein junger Calvados dagegen hinterläßt auch in einer Mischung einen kräftigen, feurigen Apfelton.

Zu den besten und gleichzeitig einfachsten Mixdrinks gehört der »Calvados Sour«, der nach folgendem Rezept immer gelingt: 4 cl Calvados, 2 cl Zitronensaft (oder je 1 cl Zitronen- und Orangensaft) und 1 cl Zuckersirup mit Eiswürfeln gut schütteln und in eine Sektflöte abseihen. Eine Garnitur erübrigt sich: Der Drink wirkt allein durch seinen herrlichen Geschmack.

Nur Spielerei: Der Miniapfel

Einige Marken werden im Handel zusammen mit Dosen voller Miniäpfel ins Regal gestellt. Von diesen Zwergfrüchten soll sich der Käufer dann je eine ins Glas geben und mit Calvados begießen.

Die Idee ist zwar nicht mehr neu, aber gewiß originell. Und sie hat sicher ebendieser Originalität wegen schon manchen Käufer zum Calvados greifen lassen, der ansonsten eine andere Spirituose mitgenommen hätte, und dem Cidre-Destillat damit neue Freunde gewonnen. Auch vom Aspekt der Optik ist gegen diese Garnitur gewiß nichts zu sagen.

Wahre Calvados-Kenner tun sie indes als Spielerei ab, und sie gebrauchen dazu ein zündendes Argument: Wenn das Produkt nicht erkennen läßt, aus welcher Frucht es stammt, kann auch der Miniapfel nichts mehr retten. Wenn der Calvados seine Herkunft deutlich zeigt, ist diese Zutat überflüssig. Oder käme jemand auf die Idee, eine Weintraube in den Cognac, eine Kirsche ins Kirschwasser oder eine Zwetschge in den Sliwowitz zu geben?

Aber Calvados mit Äpfeln zusammenzubringen kann dennoch eine gute Idee sein – weil der Schnaps den Geschmack der Früchte intensiviert: In Kompotts und Marmeladen, in Fruchtsalaten und in Apfeltorten ist der Calvados eine willkommene Zutat.

*M*it einer Calvados-Probe findet man am ehesten die Marke und Altersstufe, die einem zusagt. Diese Spirituose gilt zwar als einer der besten Digestifs, doch kann sie auch weitaus vielseitiger eingesetzt werden. Junger Calvados eignet sich zum Mixen oder zum Kombinieren mit Kaffee, ältere Qualitäten sollten dagegen immer pur getrunken werden. Auch in der Küche ist Calvados eine ausgezeichnete Zutat.

Glossar

Age inconnue: Erlaubte Bezeichnung für einen Calvados, dessen jüngster Bestandteil das → Alterskonto 5 verlassen hat.

Alambic: Französisch für Brennblase, Destilliergerät.

Alkoholgehalt: Calvados hat mindestens 40 und höchstens 45 Volumenprozent Alkohol.

Alterskonto: Auch für Armagnac und Cognac gebräuchliche Methode, über die einzelnen Reifestadien einer Spirituose kontrolliert Buch zu führen; die Reifezeit des Calvados beginnt mit dem Alterskonto (französisch: Compte) 00 im Jahr der Destillation und endet mit dem Compte 5 (mindestens 5 Jahre alt).

Äpfel: Zur Herstellung von → Cidre, aus dem Calvados gebrannt wird, sind 48 zum Essen meist ungeeignete Apfelsorten zugelassen.

Apfelwein: → Cidre.

Appellation Calvados Contrôlée (A.C.C.): Kontrollierte Ursprungsbezeichnung für alle Calvados außer denen der Region Pays d'Auge; selten mit näherer Angabe wie z.B. »du Domfrontais«.

Appellation d'Origine Contrôlée: Kontrollierte Ursprungsbezeichnung für Weine, Käse, Cognac, Armagnac und Calvados; das Wort »Origine« wird meist durch den Namen der betreffenden Region ersetzt (z.B. »Appellation du Pays d'Auge Contrôlée).

Appellation d'Origine Réglementée: Reglementierte Ursprungsbezeichnung, deren Vergabe ähnlich strengen Auflagen unterworfen ist wie die kontrollierte Ursprungsbezeichnung; galt bis 1984 für alle Calvados-Regionen außerhalb → Pays d'Auge.

Appellation du Pays d'Auge Contrôlée: Kontrollierte Ursprungsbezeichnung für alle Calvados aus dem gesetzlich begrenzten Produktionsgebiet Pays d'Auge.

Armagnac-Methode: In allen Calvados-Regionen außerhalb des Pays

d'Auge gebräuchliches, kontinuierliches Destillierverfahren im sogenannten → Kolonnen-Alambic.

Avranchin: Eines der zehn Ursprungsgebiete mit der → Appellation
Calvados Contrôlée.

Blend: Fachausdruck in der Spirituosenherstellung für eine Mischung
aus verschiedenen Einzeldestillaten zu einem fertigen Erzeugnis; in
Frankreich auch als → Cuvée bezeichnet.

Bonne chauffe: Bei der zweifachen Destillation das Ergebnis des zweiten Brennvorganges.

Brennblase: Traditionelles Destilliergerät zur zweifachen Destillation;
Gegenteil: → Kolonnen-Alambic.

Calvador: Name eines Schiffes der spanischen Armada, nach dem ein
Departement in der Normandie und der Calvados benannt wurde.

Calvados: 1. Name eines Départements in der Normandie. 2. Oberbegriff
für die gesamte Region, in der Calvados hergestellt wird. 3. Bezeichnung für ein → Eau-de-vie de cidre, das unter bestimmten Bedingungen
in genau festgelegten Gebieten erzeugt wird.

Charentaiser Brennverfahren: Nach der Charente, dem Herkunftsgebiet des Cognac, benanntes, doppeltes Brennverfahren, das im Pays
d'Auge zur Calvados-Herstellung vorgeschrieben, in den anderen zehn
Calvados-Regionen erlaubt ist, aber so gut wie nie praktiziert wird.

Cidre: Französische Bezeichnung für schwachalkoholischen, leicht mous-
sierenden Apfelwein, Grundstoff für den Calvados.

Coeur du chauffe: → Mittellauf.

Compte: → Alterskonto.

Cotentin: Eines der zehn Ursprungsgebiete mit der A.C.C.

Cuvée: In Frankreich gebräuchliche Bezeichnung für → Blend.

Digestif: Verdauungsfördernde Spirituose, die am Ende einer Mahl-
zeit, oft zusammen mit Kaffee, getrunken wird. Die wichtigsten Digestifs sind Wein-, Obst- und Tresterbrände. Digestif-Spirituosen französischer Herkunft sind auf dem Etikett oft durch ein »D« kenntlich
gemacht.

Domfrontais: Eines der zehn Ursprungsgebiete mit der A.C.C.

Eau-de-vie de cidre: Ursprüngliche Bezeichnung für Calvados; wird
heute noch für alle Cidre-Destillate gebraucht, die außerhalb der festgelegten Calvados-Regionen erzeugt werden.

Extra: Erlaubte Bezeichnung für einen Calvados, dessen jüngster Bestandteil das → Alterskonto 5 verlassen hat.

Fermentation: Anderes Wort für Gärung.

Fermier: Als Zusatz zum Wort Calvados Hinweis darauf, daß dieser in
einem bäuerlichen Betrieb destilliert wurde.

Hors d'Age: Erlaubte Bezeichnung für einen Calvados, dessen jüngster Bestandteil das → Alterskonto 5 verlassen hat.

Kolonnen-Alambic: Säulenförmiges Brenngerät zur kontinuierlichen Destillation nach der → Armagnac-Methode.

Mittellauf: Der von Vor- und → Nachlauf abgetrennte, mittlere Teil des Destillates, der weitgehend frei von Unreinheiten ist; auch »Herzstück« genannt. Nur der Mittellauf darf reifen und damit zu Calvados werden.

Mortainais: Eines der zehn Ursprungsgebiete mit der A.C.C.

Nachlauf: Letzter, unreiner und daher vom → Mittellauf abzutrennender Teil des Destillates.

Napoléon: Erlaubte Bezeichnung für einen Calvados, dessen jüngster Bestandteil das → Alterskonto 5 verlassen hat.

Normandie: Landschaft an der Kanalküste Frankreichs; verwaltungs-rechtlich in die beiden Regionen Basse und Haute Normandie aufge-teilt; im weiteren, historischen Sinne Heimat des Calvados.

Pays d'Auge: Renommierteste Calvados-Region mit eigener Appellation d'Origine Contrôlée: »Appellation du Pays d'Auge Contrôlée«.

Pays de Bray: Eines der zehn Ursprungsgebiete mit der A.C.C.

Pays de la Risle: Eines der zehn Ursprungsgebiete mit der A.C.C.

Pays du Merlerault: Eines der zehn Ursprungsgebiete mit der A.C.C.

Perche: Eines der zehn Ursprungsgebiete mit der A.C.C.

Petit eau: Bei der zweifachen Destillation das Ergebnis des ersten Brenn-vorganges.

Poiré: Birnenwein, darf in theoretisch unbegrenzter Höhe dem → Cidre beigemengt und damit zu Calvados destilliert werden.

Reifung: Calvados muß mindestens zwei Jahre in Holzfässern reifen, ehe er verkauft werden darf.

Réserve: Erlaubte Bezeichnung für einen Calvados, dessen jüngster Be-standteil mindestens dem → Alterskonto 3 entstammt.

Sidre: Veraltete Bezeichnung für → Cidre.

Vallée de l'Orne: Eines der zehn Ursprungsgebiete mit der A.C.C.

Vieille Réserve: Erlaubte Bezeichnung für einen Calvados, dessen jüng-ster Bestandteil mindestens dem → Alterskonto 4 entstammt.

Vieux: Erlaubte Bezeichnung für einen Calvados, dessen jüngster Be-standteil mindestens dem → Alterskonto 3 entstammt.

V.O.: Abkürzung für »Very Old«, eine dem → Vieille Réserve gleichge-stellte Bezeichnung.

V.S.O.P.: Abkurzung fur »Very Superior Old Pale«; erlaubte Bezeichnung für einen Calvados, dessen jüngster Bestandteil mindestens dem → Alterskonto 5 entstammt.

Die ECON Gourmet Bibliothek

Ob über die besten Käsesorten, den feinsten Sekt, die exklusivsten Arten, Hummer zu essen – die ECON Gourmet Bibliothek informiert Sie über die edelsten Produkte aus dem Bereich Essen & Trinken. »Mehr Lebensfreude durch kulinarischen Genuß«, ist das Motto des Herausgebers Hans-Peter Wodarz. Und so richtig genießen kann eben nur der Wissende. In kompakter Form erhalten Sie wichtige Informationen über Kulturgeschichte, Herkunftsländer und Qualitäten. Tips, Adressen, Bewertungsskalen und praktische Empfehlungen helfen allen Genießern und Gourmets weiter.

Jeder Band der ECON Gourmet Bibliothek umfaßt ca. 112 Seiten und ist so sorgfältig ausgestattet wie das Buch, das Sie im Moment in den Händen halten: Ein fester Pappband, farbiges Vorsatzpapier, Kaptalbändchen und viele Farbtafeln machen die ECON Gourmet Bibliothek auch für Bücherfreunde zu einem optischen Genuß. Auf den folgenden Seiten sehen Sie, wie viele Bücher zu Gourmetthemen bereits erschienen sind.

ECON Taschenbuch Verlag
Postfach 30 03 21 · 4000 Düsseldorf 30

Peter C. Hubschmid
Beaujolais, Primeur & Co.

Jürgen Lautwein
Espresso, Mokka, Capuccino & Co.

Karl Rudolf
Grappa, Marc & Co.

Karl Rudolf
Portwein

Heide Hartner
Olivenöl & Oliven

Peter Lempert
Austern

Veronika Müller
Hummer, Krabben, Shrimps & Co.

Ingeborg Kunze-Glupp
Trüffel

Peter Hilgard
Sherry

Friedrich Eberle/Christa Klauke
Chianti

Karl Rudolf
Calvados

Jo Volks
Armagnac

Petra Klein
Essig: Aceto Balsamico & Co.

Rudolf Knoll
Sekt

Ingo H. G. Taubert
Lachs

Jürgen Löbel
Parmaschinken & Co.

Heide Hartner
Roquefort, Stilton & Co.

August F. Winkler
**Mouton-Rothschild, Latour,
Lafite-Rothschild & Co.**